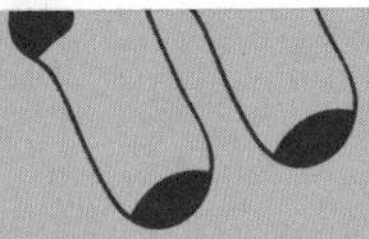

ROOSIMINE

Socken stricken

Nordisch stricken in der
estnischen Inlay-Technik

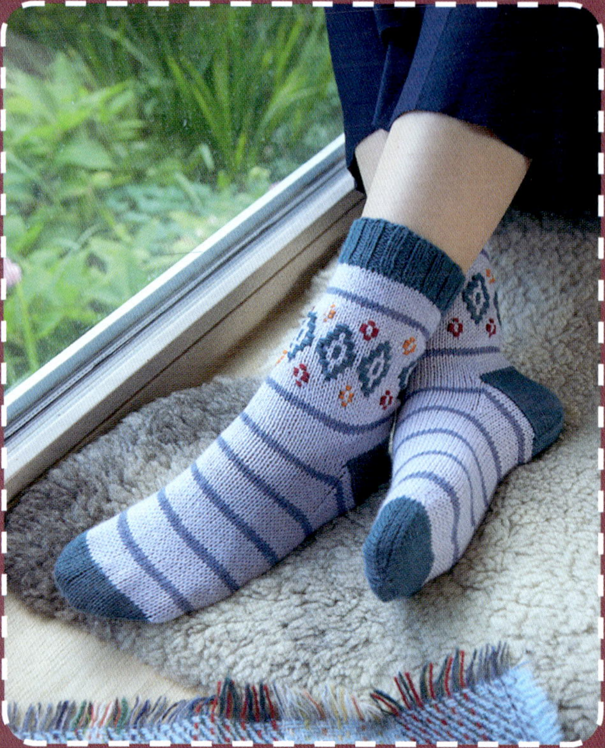
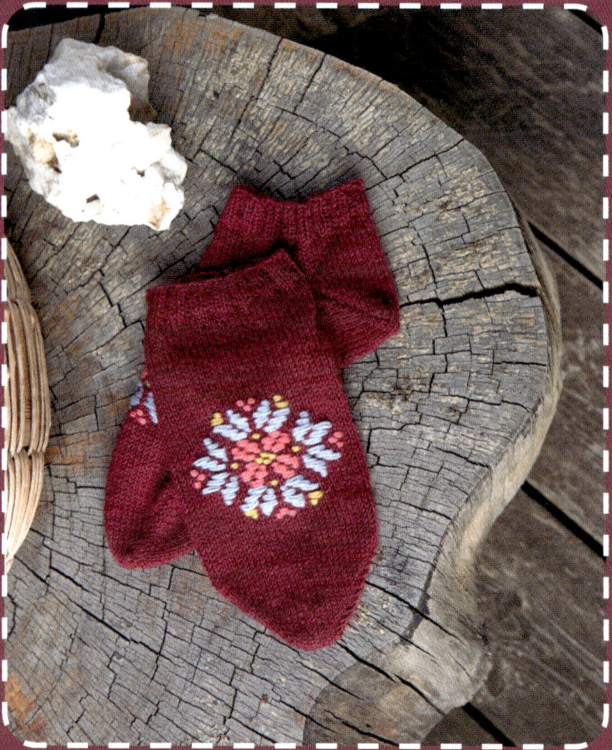
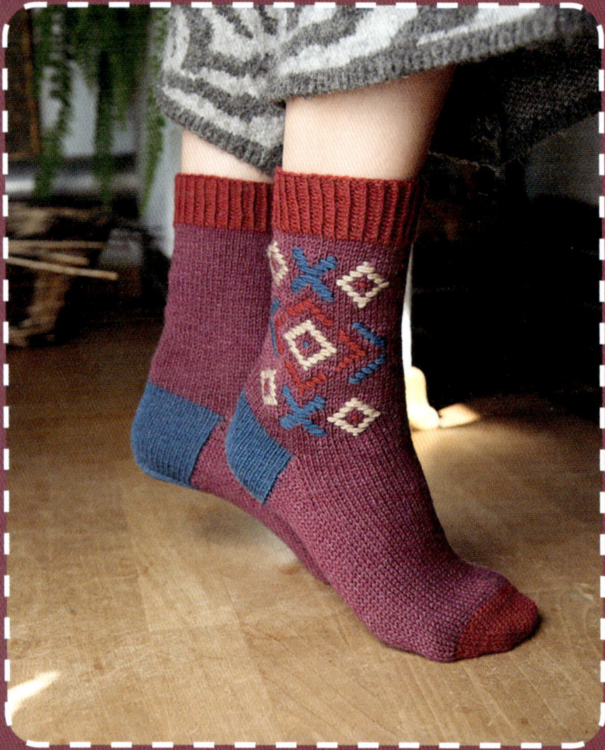
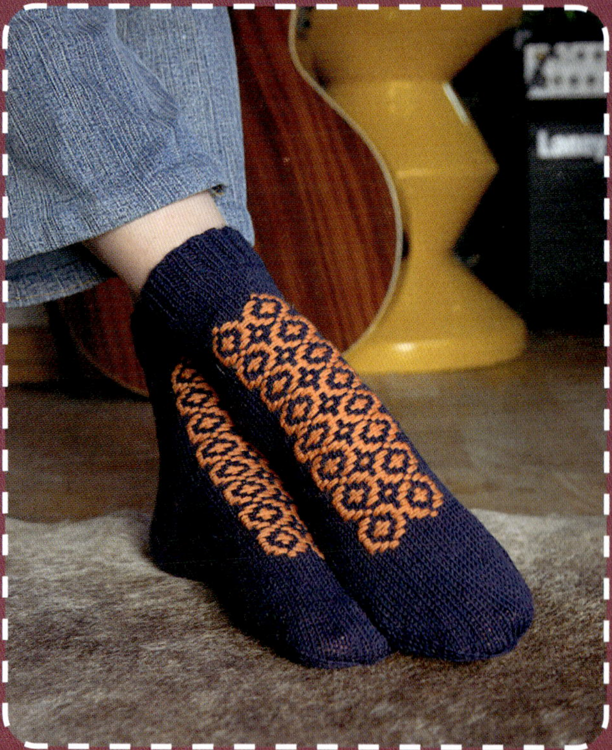

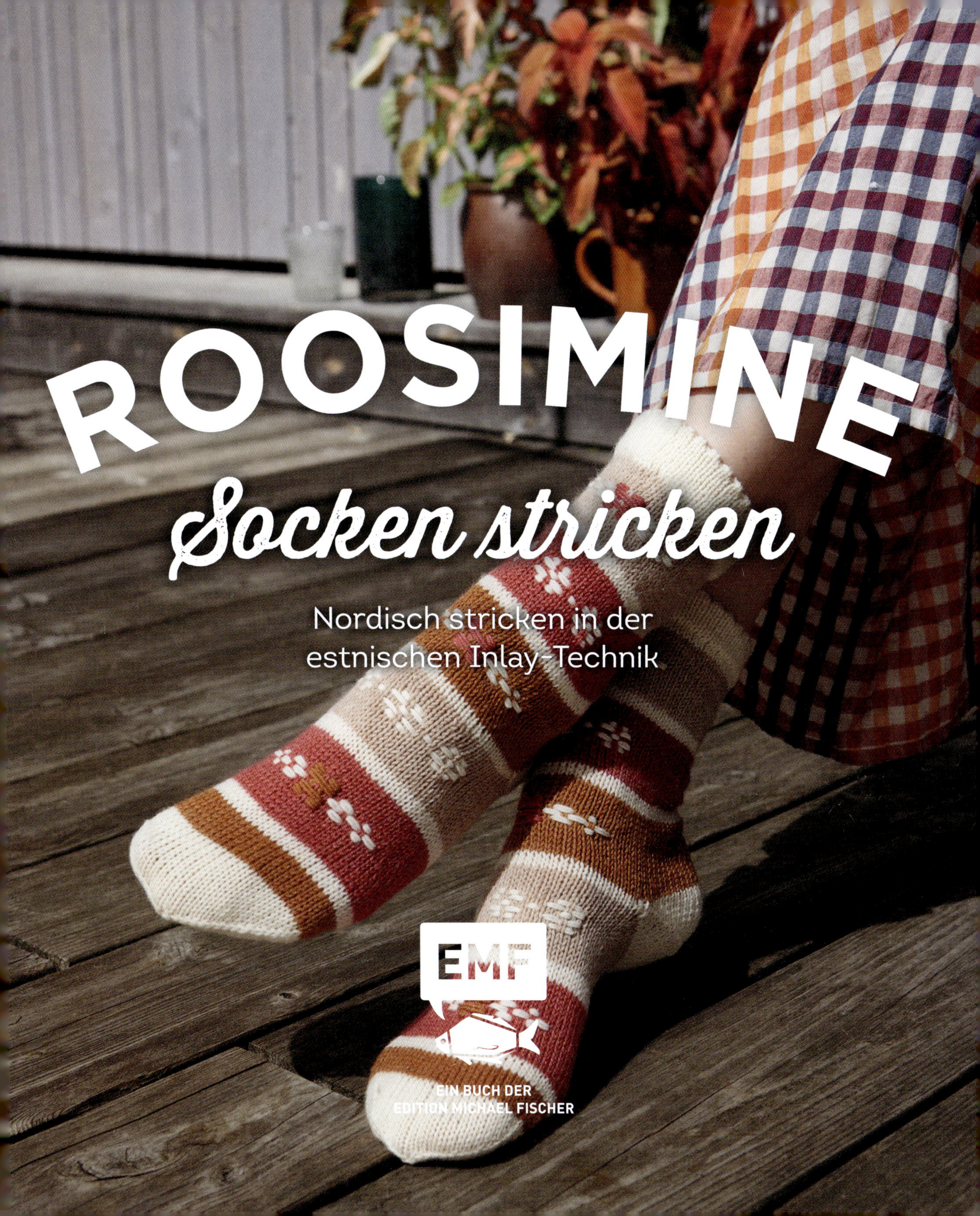

ROOSIMINE

Socken stricken

Nordisch stricken in der estnischen Inlay-Technik

EMF

EIN BUCH DER EDITION MICHAEL FISCHER

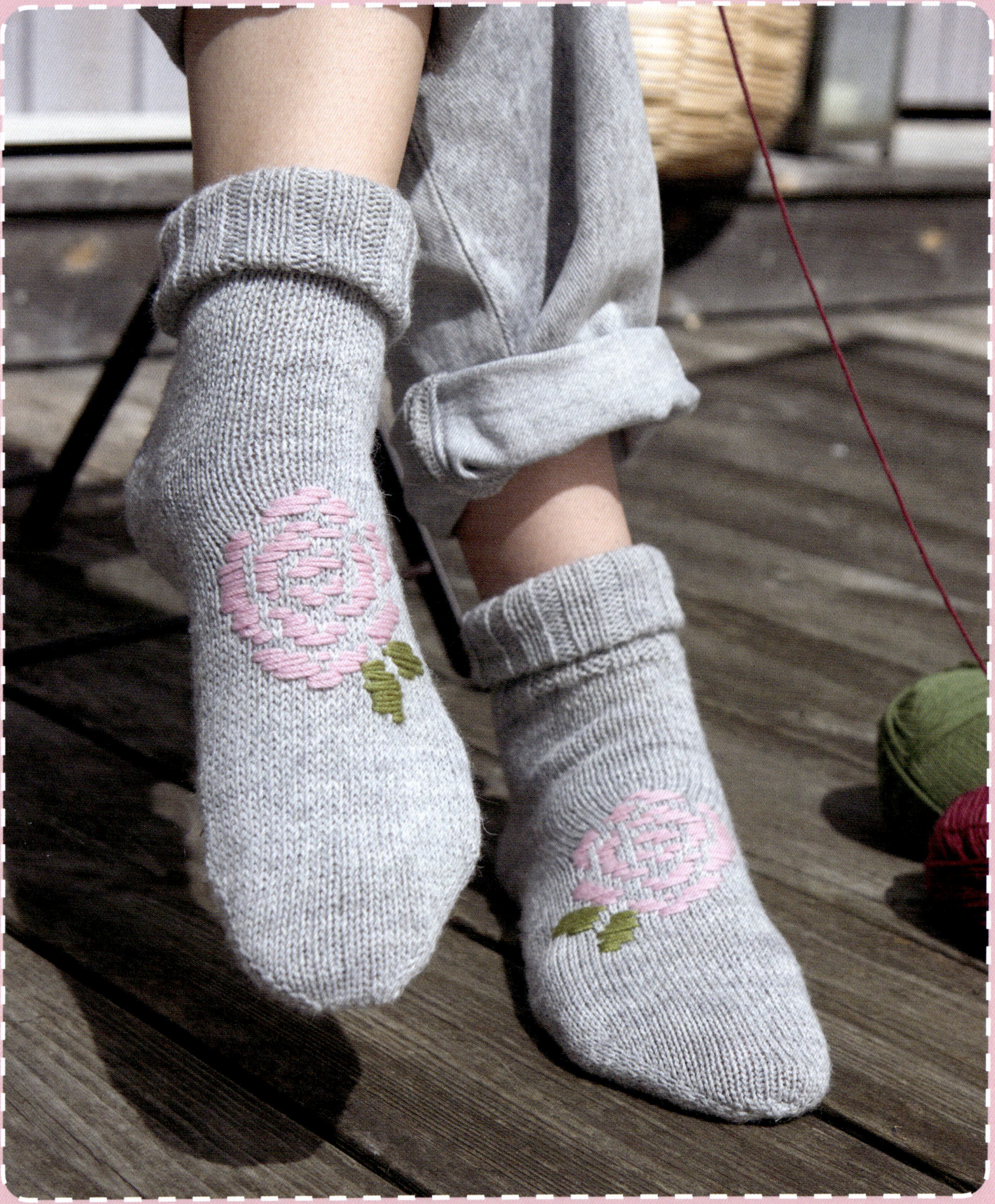

Vorwort

Als Strickerin bin ich immer wieder auf der Suche nach neuen Herausforderungen und besonders schönen Techniken, die ich ausprobieren kann. Als ich die aus Estland stammende Roosimine-Technik gesehen habe, wusste ich sofort, dass ich es selbst ausprobieren muss. Spannfäden kannte ich bisher nur als etwas, das man auf der Rückseite eines Strickstücks versteckt. Umso begeisterter bin ich von dieser traditionellen Technik, die diese Spannfäden in den Vordergrund rückt und kunstvoll dazu nutzt, dem Strickstück etwas ganz Besonderes, das gewisse Etwas zu verleihen.

Und das Beste: Die Roosimine-Technik ist auch für Anfänger*innen ein guter Einstieg in das mehrfarbige Stricken, da sie leichter zu stricken ist als z.B. Fair Isle, Jacquard oder Intarsia.

Weil Socken einfach immer gehen, habe ich verschiedenste Sockenmuster im Roosimine-Stil entworfen und 18 Sockenpaare mit grafischen, floralen sowie verspielten Mustern und aus den unterschiedlichsten Sockengarnen, vom rustikalen Tweed bis hin zum edlen Kaschmir, gestrickt.

Und wie immer gilt bei meinen Anleitungen: Sei kreativ! Du kannst, musst dich aber nicht an meine Anleitungen halten. Kombiniere Bündchen, Muster und Farben neu und kreiere deine ganz eigenen, einzigartigen Socken.

Ich wünsche dir genauso viel Freude beim Stricken meiner Sockenmodelle, wie ich beim Entwerfen hatte, und freue mich sehr, wenn du deine fertigen Strickwerke bei Instagram mit mir @sapri_design unter dem Hashtag #roosiminesockenstricken teilst!

Sarah

Inhaltsverzeichnis

Grundlagen

Projekte

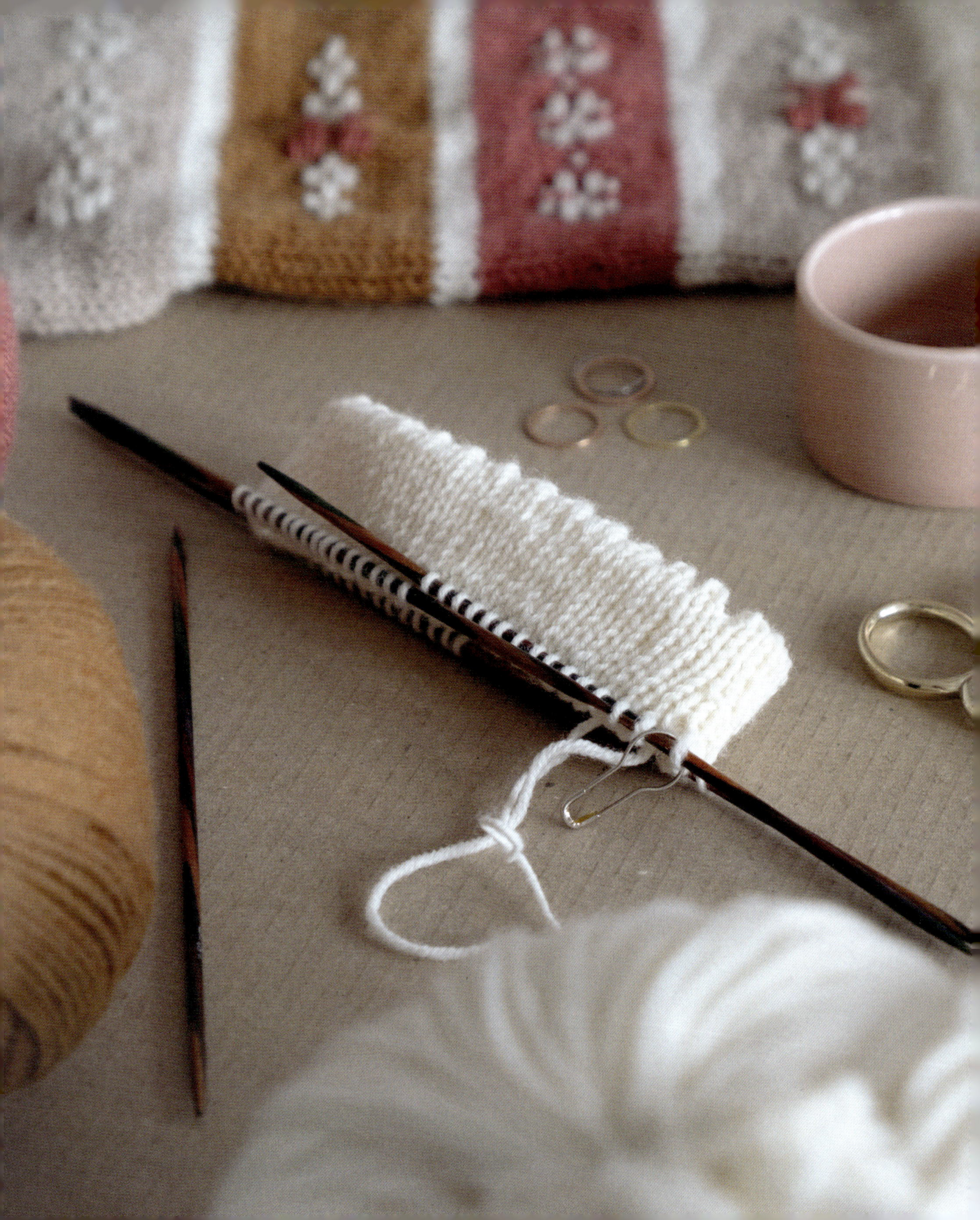

Grundlagen

Material

GARNE

Socken sollten am besten aus speziellem Sockengarn gestrickt werden. Diese Garne sind durch ihre Zusammensetzung strapazierfähig, haben einen hohen Tragekomfort und können in der Waschmaschine gewaschen werden. Klassischerweise besteht Sockenwolle hauptsächlich aus Schurwolle, der zu einem bestimmten Prozentsatz (meist 20–30 %) Polyamid beigemischt wird.
Der Vorteil von Schurwolle ist, dass sie Feuchtigkeit aufnimmt und atmungsaktiv ist, was unangenehmen Gerüchen vorbeugt. Socken sind einem starken Abrieb ausgesetzt, das Polyamid macht das Garn strapazierfähig und formstabil.

Beimischungen wie Seide oder Kaschmir verleihen den Sockengarnen einen besonderen Glanz oder machen sie extra weich.

Sockengarne gibt es in verschiedenen Stärken, die gängigsten sind 4- und 6-fädiges Garn.

STRICKNADELN

Stricknadeln gibt es aus den verschiedensten Materialien wie Holz, Metall und Kunststoff.
Mit welchem Material man am liebsten strickt, ist von den eigenen Vorlieben und auch davon, wie fest oder locker man strickt, abhängig. Metallnadeln haben eine sehr glatte Oberfläche und eignen sich vor allem für Stricker*innen, die besonders fest stricken. Strickt man locker, dann bieten sich z.B. Bambusnadeln mit ihrer etwas raueren Oberfläche an.

Klassisch werden Socken mit dem Nadelspiel mit 5 Nadeln gestrickt. Neben den normalen Nadelspielen gibt es auch Nadelspiele mit kurzen (15 cm) Nadeln, mit denen sich kleine Projekte wie Socken sehr angenehm stricken lassen.

Für alle, die nicht gut mit dem klassischen Nadelspiel zurechtkommen, gibt es verschiedene Alternativen.

Es gibt Nadelspiele mit nur 3 Nadeln, kleine Rundstricknadeln speziell für Socken oder auch die Möglichkeit, Socken auf einer großen Rundstricknadel mit der Magic-Loop-Methode oder mit 2 Rundstricknadeln zu stricken. Die Anleitungen zu den verschiedenen Techniken zum Stricken in Runden findest du auf Seite 22.

WEITERES ZUBEHÖR

Neben Nadeln und Garn brauchst du noch ein Maßband, eine Schere und eine stumpfe Wollnadel sowie Maschenmarkierer. Maschenmarkierer kannst du dir aber auch ganz einfach selbst machen, indem du ein Stück Restfaden zu einer Schlaufe zusammenknotest.

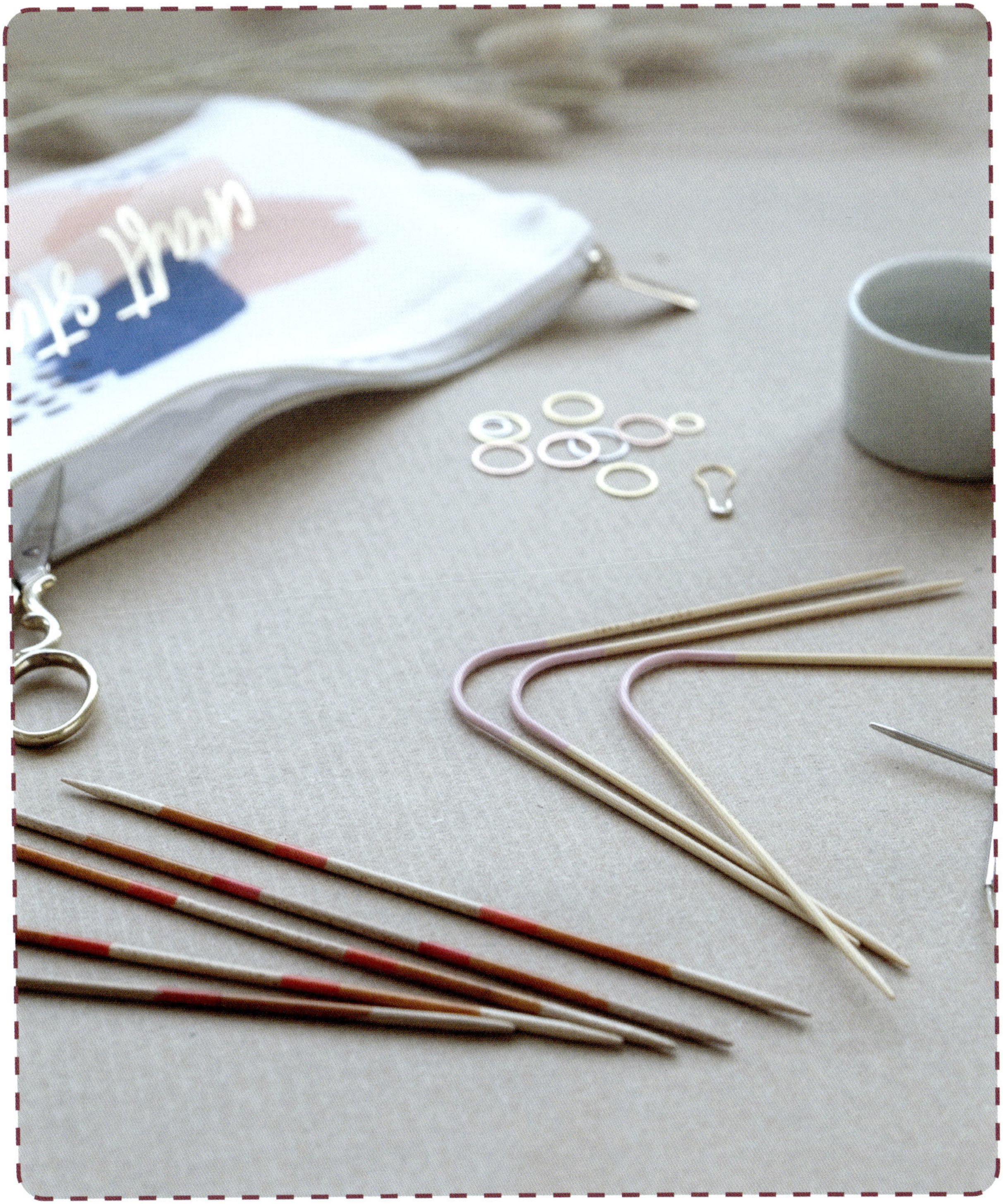

Maschenanschlag

KREUZANSCHLAG

Der Kreuzanschlag ist der herkömmlichste und bekannteste Maschenanschlag. Gerade für Anfänger*innen ist er einfach zu erlernen und zu bewältigen. Er kann für jedes darauffolgende Muster verwendet werden und bildet eine stabile und zugleich elastische Kante.

HINWEIS Diese Grundschlinge (auch „Anfangsschlinge") ist der Beginn beinahe aller Anschlagsmethoden.

1

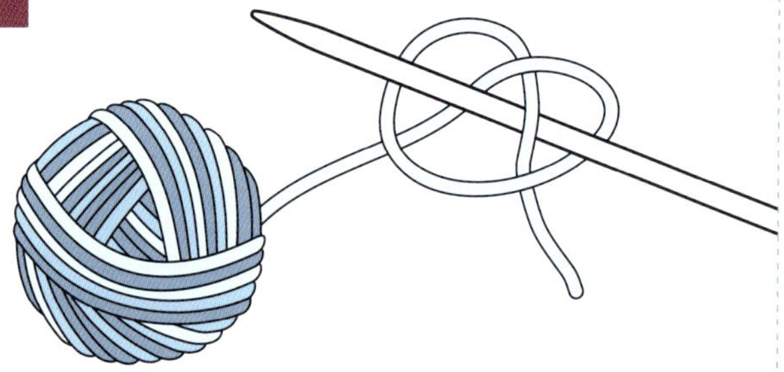

Es wird zunächst auf der rechten Nadel eine Grundschlinge gebildet. Das Fadenende sollte dabei etwa 3x so lang sein wie die gewünschte Anschlagskante – bei dickerem Garn etwas mehr, bei dünnerem etwas weniger.

2

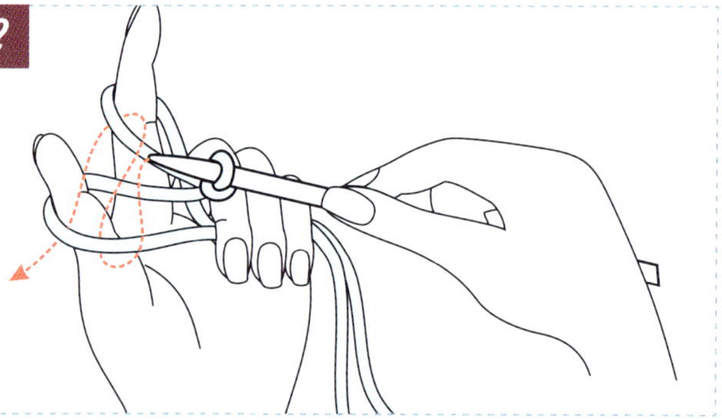

Den Arbeitsfaden, der mit dem Garnknäuel verbunden ist, über den Zeigefinger führen, das Garnende über den Daumen legen. Die Nadel unter den linken Daumenfaden führen, dann über den linken Zeigefingerfaden und diesen als Schlaufe durch die beiden Daumenfäden hindurch nach vorne ziehen.

3

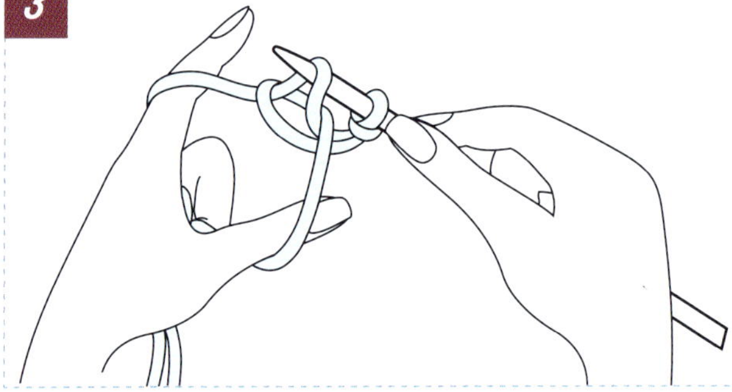

Die Masche auf der Nadel anziehen und die Fäden auf Daumen und Zeigefinger legen. Schritt 2 und 3 laufend wiederholen.

Tipp

Gerade Anfänger*innen neigen dazu, den Kreuzanschlag besonders fest auszuführen. Schlage die Maschen dann einfach statt mit nur einer mit zwei parallel zusammengelegten Nadeln an, so wird der Anschlag etwas lockerer. Sollte dein Anschlag umgekehrt stets zu locker ausfallen, so verwende für die Anschlagsreihe eine um ein bis zwei Nadelstärken dünnere Nadel.

ITALIENISCHER ANSCHLAG

Der italienische Anschlag ist eine Methode für Fortgeschrittene, er gehört zugleich zu den wichtigsten Anschlagstechniken für Strickstücke mit Bündchen wie Pullover, Socken oder Strickjacken. Die Technik erzeugt eine elastische und runde Kante für Rippenmuster. Die Maschen werden zunächst auf spezielle Art auf die Nadel gewickelt. Aus diesem Grund verrutschen die Maschen der ersten Reihe unter Umständen einmal auf der Nadel. Diese Technik benötigt daher zunächst ein wenig Übung, doch mit etwas Erfahrung und Routine wird dir auch der italienische Anschlag leicht von der Hand gehen.

1

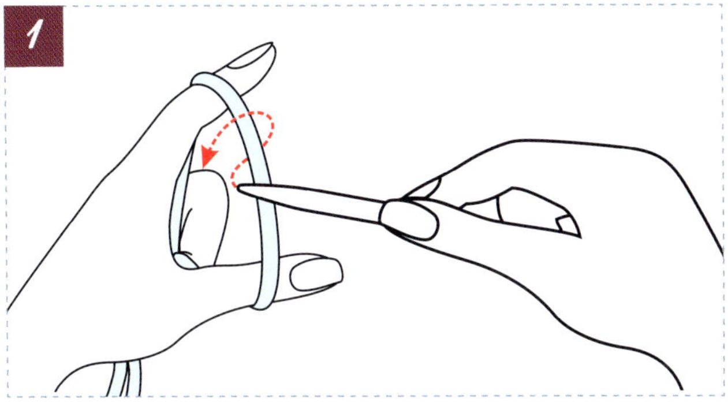

Faden über Daumen und Zeigefinger platzieren und eine Schlaufe auf die Nadel legen, sodass der Zeigefingerfaden über dem Daumenfaden liegt. Das Fadenende dabei ebenso wie beim Kreuzanschlag in etwa 3 x so lang lassen wie die zukünftige Anschlagskante.

2

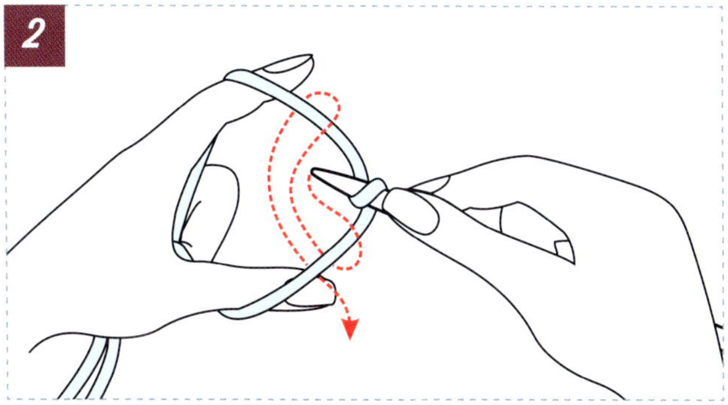

Den Zeigefingerfaden unter dem Daumenfaden hindurchholen und als Schlinge auf die Nadel legen.

weiter auf der nächsten Seite

3

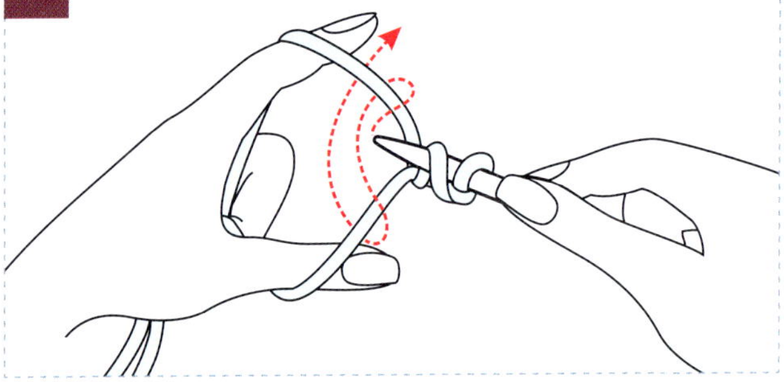

Für die nächste Schlinge die Nadel über den Zeigefingerfaden führen und den Daumenfaden fassen, nach oben holen und auf die Nadel legen.

Tipp

Wenn du für deine Socken gerne ein besonders elastisches Bündchen stricken möchtest, versuche den italienischen Anschlag.

4

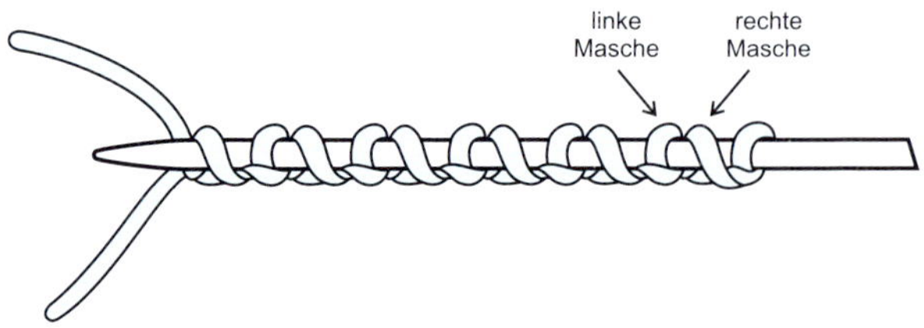

Diese beiden Schritte abwechselnd wiederholen, bis die gewünschte Anzahl Maschen als Schlingen auf der Nadel liegt.

Achte darauf, dass die neuen Maschen sich nicht verdrehen. Rechte und linke Maschen kannst du dann gut erkennen. Allerdings liegen in dieser Grundreihe die rechten Maschen noch verkehrt herum auf der Nadel! Sie müssen in der nächsten Reihe also verschränkt abgestrickt werden.

ITALIENISCHER ANSCHLAG FÜR DIE 1/1-RIPPE

Diese Technik ergibt eine elastische und sehr saubere Kante für ein einfaches Rippenbündchen. Sie eignet sich besonders für Kleidung.

Die 1/1-Rippe besteht abwechselnd aus einer rechten und einer linken Masche. Hast du die ersten Maschen mithilfe des italienischen Anschlags, wie oben erklärt, vorbereitet, stricke nun die erste Reihe, indem du die rechten Maschen verschränkt abstrickst und die linken Maschen wie zum Linksstricken abhebst, den Faden also dabei vor der Nadel hältst.
In den nächsten drei Reihen strickst du jeweils die rechten Maschen normal rechts, die linken Maschen hebst du wie zum Linksstricken ab, der Faden liegt dabei vor der Arbeit.

Anschließend führst du das 1/1-Bündchen einfach normal fort: Du strickst von nun an alle rechten Maschen rechts und die linken Maschen links.

Grundmaschen

RECHTE MASCHEN

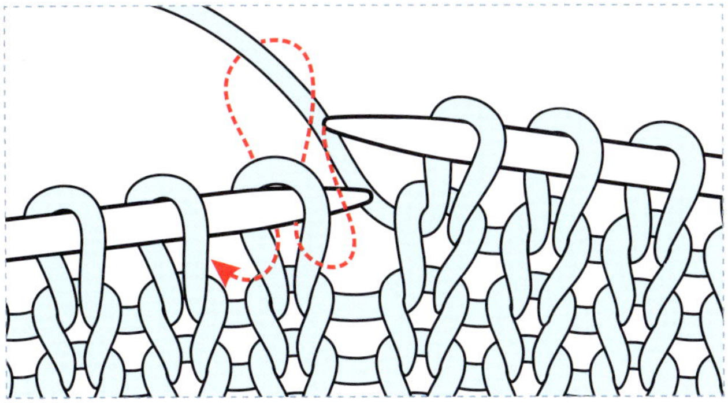

Unabhängig davon, wie und in welcher Hand du den Arbeitsfaden hältst, die rechte Masche wird stets gleich gestrickt. Dazu wird mit der rechten Nadel von vorn in die nächste Masche auf der linken Nadel eingestochen.
Der Arbeitsfaden wird danach von oben ergriffen und durch die Masche gezogen. Die neue Masche befindet sich somit auf der rechten Nadel, die ursprüngliche Masche lässt du von der linken Nadel gleiten.

Kontrolle: Die neue Masche liegt wieder so auf der Nadel, dass der rechte Maschenschenkel vorn und der linke Maschenschenkel hinten liegt

LINKE MASCHEN

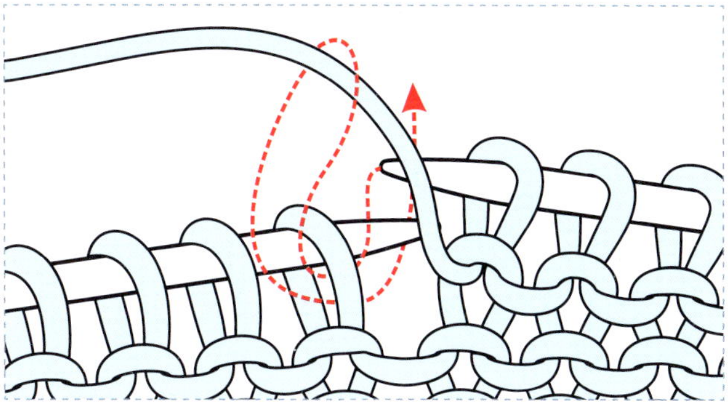

Zum Stricken einer linken Masche hältst du den Arbeitsfaden vor der Arbeit. Stich mit der rechten Nadel von rechts in die nächste Masche auf der linken Nadel ein. Lege den Arbeitsfaden von oben nach unten um die Nadel herum und hole die Nadel zusammen mit der neuen Masche durch. Die ursprüngliche Masche lässt du von der linken Nadel gleiten.

Kontrolle: Die neue Masche liegt wieder so auf der Nadel, dass der rechte Maschenschenkel vorn und der linke Maschenschenkel hinten liegt.

RECHTE MASCHEN VERSCHRÄNKT STRICKEN

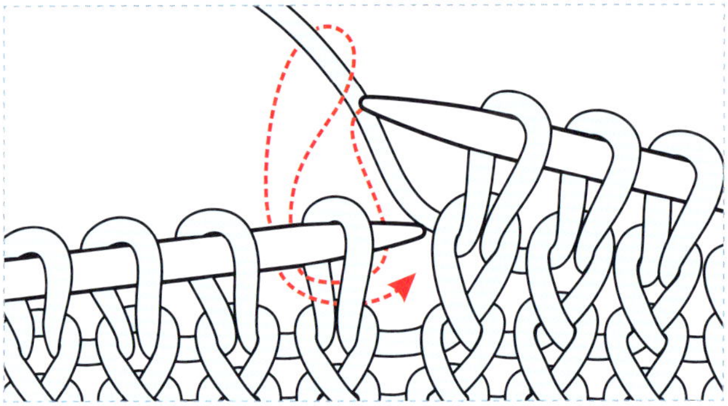

Halte den Arbeitsfaden hinter der Nadel. Dann führst du die rechte Nadel anstatt von links vorn von rechts hinten in die nächste Masche ein und holst den Arbeitsfaden durch. Verschränkte Maschen liegen anschließend verkreuzt im Maschenbild.

LINKE MASCHEN VERSCHRÄNKT STRICKEN

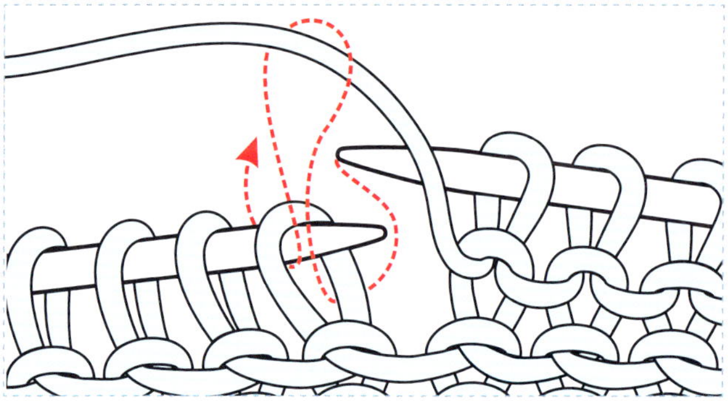

Um eine linke Masche verschränkt zu stricken, legst du den Arbeitsfaden wie für eine normale linke Masche vor die Nadel. Führe die rechte Nadel hinter dem hinteren Maschenschenkel ein und hole den Arbeitsfaden durch.

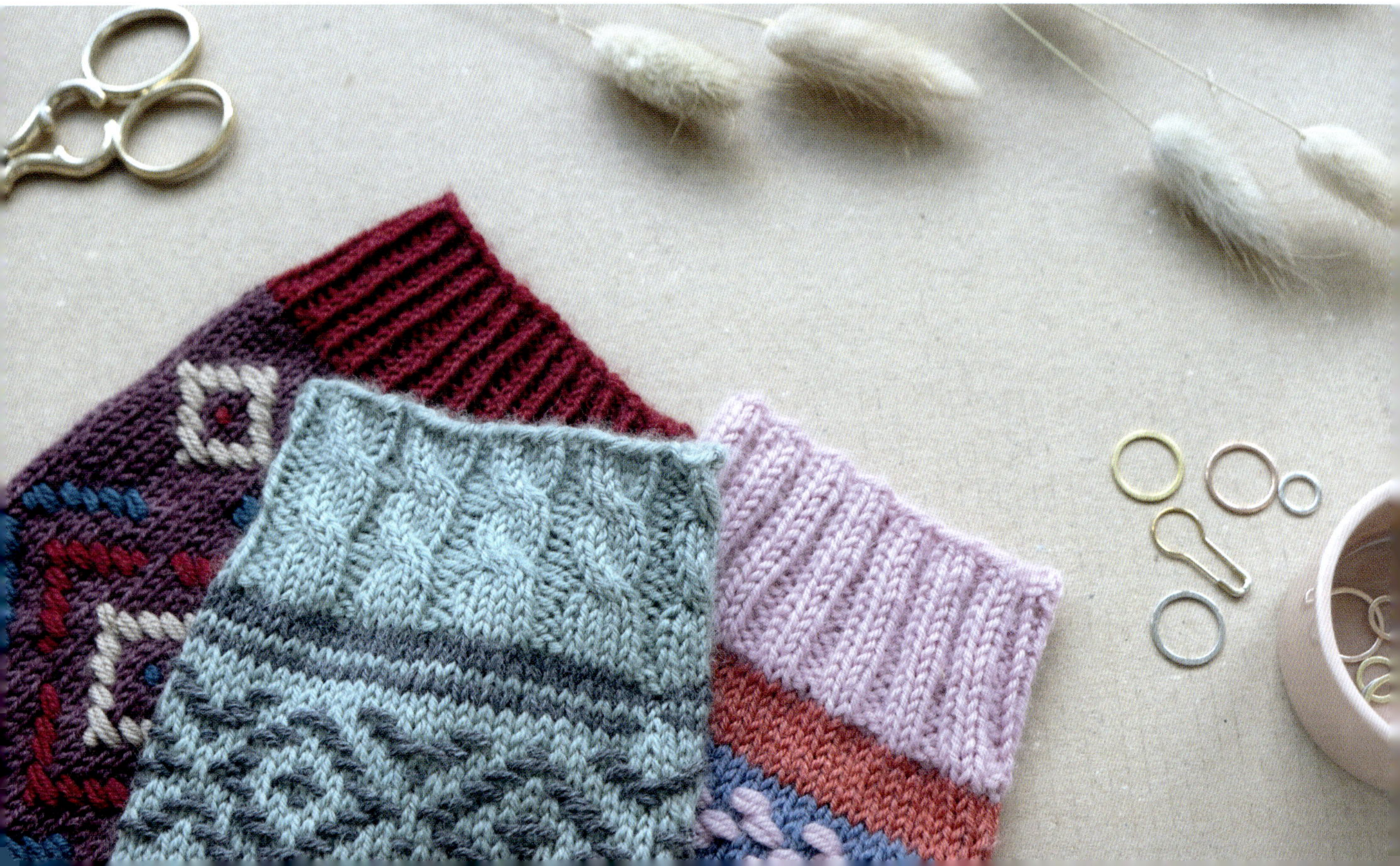

ABGEHOBENE MASCHEN

Abgehobene Maschen, auch Hebemaschen genannt, werden einerseits bei der Abnahme von Maschen und andererseits für sogenannte Hebemaschenmuster eingesetzt. Werden diese Muster zweifarbig gearbeitet, heißen sie auch Mosaikmuster. Beim Abheben der Masche wird dabei entweder wie zum Linksstricken oder wie zum Rechtsstricken in die Masche eingestochen und diese dann, ohne sie allerdings abzustricken, auf die rechte Nadel gehoben. Der Arbeitsfaden wird dabei je nach Muster vor oder hinter der Arbeit mitgeführt.

HINWEIS Ein häufiger Fehler betrifft die Position des Arbeitsfadens beim Abheben der Masche. Dieser wird nämlich nicht AUF der Nadel abgelegt, wodurch automatisch eine Zunahme stattfinden würde. Beim Abheben der Maschen wird der Faden stets VOR oder HINTER der abgehobenen Masche mitgeführt.

EINE MASCHE RECHTS ABHEBEN

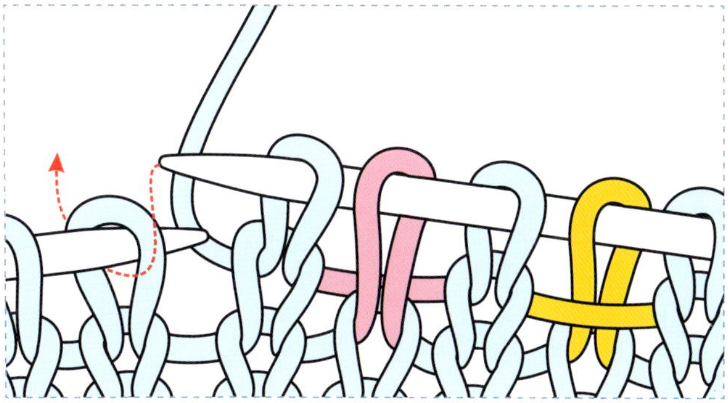

Hebe eine Masche rechts ab, indem du wie zum Rechtsstricken in die Masche einstichst, sie aber ungestrickt auf die rechte Nadel hebst. Die gelbe Masche und die rosa Masche wurden beide abgehoben, einmal mit dem Faden vor der Arbeit und das andere Mal mit dem Faden hinter der Arbeit. Du erkennst daran, dass die Maschen rechts abgehoben wurden, dass der rechte Maschenschenkel nun hinter der Nadel liegt.

EINE MASCHE LINKS ABHEBEN

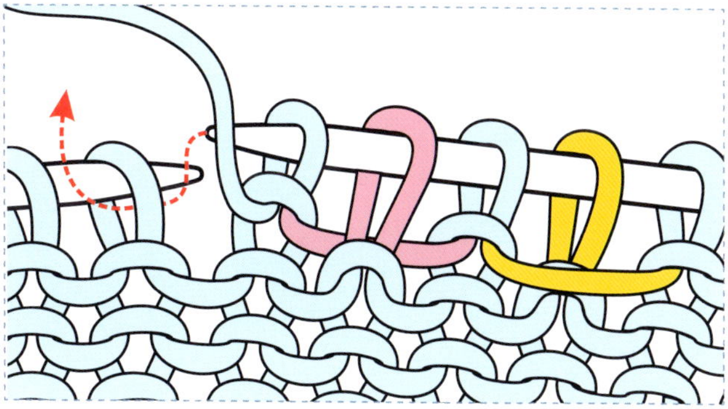

Hebe eine Masche links ab, indem du wie zum Linksstricken in die Masche einstichst, sie aber ungestrickt auf die rechte Nadel hebst. Auch hier wurden die gelbe und die rosa Masche abgehoben, mit dem Faden vor bzw. hinter der Arbeit.
Du erkennst daran, dass die Maschen links abgehoben wurden, dass der rechte Maschenschenkel vor der Nadel liegt.

MASCHEN RICHTIG ERKENNEN

Mit der Zeit wirst du die Maschen auf der Nadel und im Gestrick erkennen. Doch gerade zu Beginn kann man schnell den Überblick verlieren. Habe ich nun gerade eine linke oder eine rechte Masche gestrickt?

Rechte Maschen erkennst du anhand des kleinen „V" unter der Nadel und auch im Gestrick. Linke Maschen liegen wie ein Balken quer. Bei allen „normal" gestrickten Maschen auf der Nadel liegt der rechte Maschenschenkel stets VOR der Nadel und der linke dahinter. Im Gegensatz dazu gibt es „verschränkte" Maschen, die du auf Seite 16 kennengelernt hast.

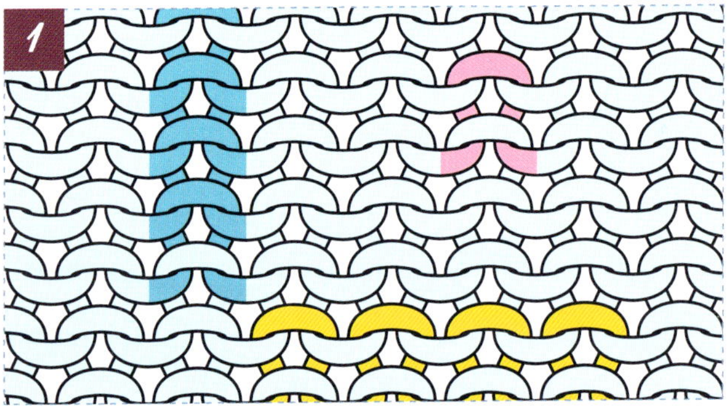

Glatt rechts: Eine einzelne rechte Masche ist rosa eingefärbt. Anhand der blau eingefärbten Maschen zählen wir vier gestrickte Reihen. Gelb eingefärbt sind vier nebeneinanderliegende rechte Maschen.

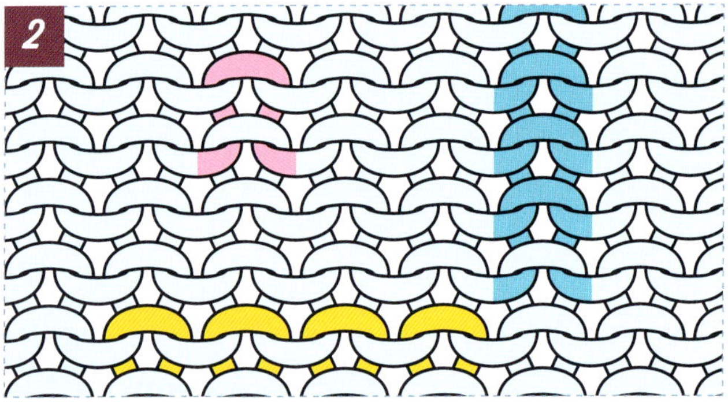

Glatt links: Dies ist die Darstellung der Gegenseite, rechte Maschen ergeben auf der Rückseite linke Maschen.

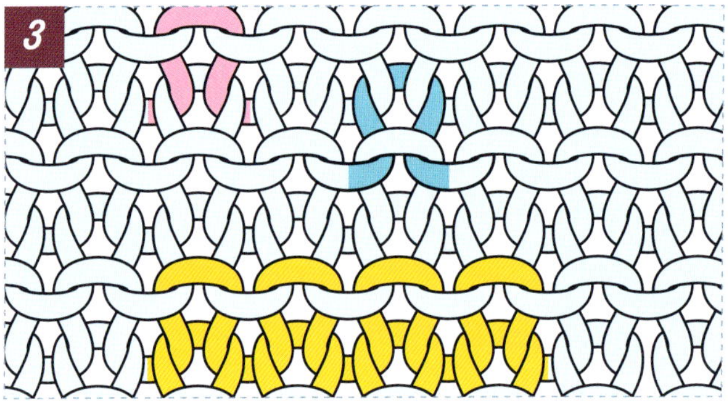

Kraus rechts: Hier werden alle Reihen (Hin- und Rückreihen) stets rechts gestrickt. So erscheinen die Reihen auf einer Seite jeweils abwechselnd rechts und links. Die blaue Masche ist auf dieser Vorderseite eine linke. In der darüberliegenden Reihe ist die rot eingefärbte Masche, von vorne betrachtet, rechts gestrickt. Blau und Rosa zählen demnach zwei Reihen. Gelb dargestellt sind ebenfalls zwei Reihen und jeweils vier Maschen.

HINWEIS Rechte Maschen erscheinen auf der Rückseite des Strickstücks als linke Maschen, linke Maschen umgekehrt als rechte Maschen. Hast du dieses Prinzip erst einmal verinnerlicht, fällt es dir nicht mehr schwer, rechte und linke Maschen auch auf der Nadel zu unterscheiden.

GLATT RECHTS IN REIHEN STRICKEN

Zum Arbeiten von glatt rechts gestrickten Strickstücken werden die Maschen in den Hinreihen, also auf der Vorderseite, stets rechts gestrickt. In den Rückreihen, auf der Rückseite also, strickst du die Maschen hingegen links. Sie erscheinen dann nämlich auf der Vorderseite wieder als rechte Maschen. Kraus rechts bedeutet, dass sowohl die Hin- als auch die Rückreihen ausschließlich mit rechten Maschen gestrickt werden.

Tipp

Auch für das Stricken in Reihen verwendest du für größere Strickprojekte Rundnadeln. Die zum Teil sehr große Maschenzahl findet dann auf dem Nadelseil Platz. Die Arbeit wird einfach am Ende der Reihe gewendet.

1

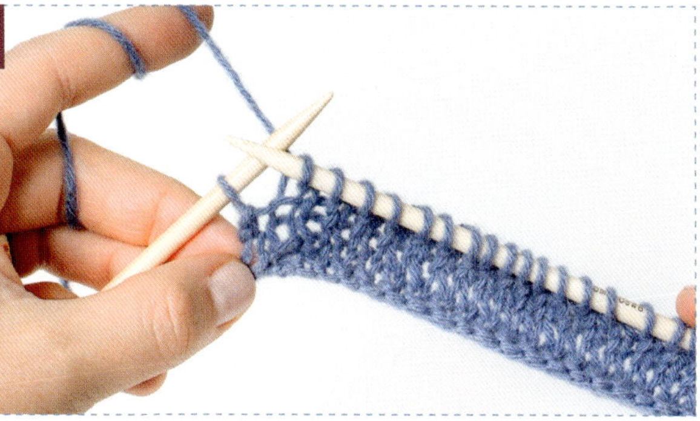

2

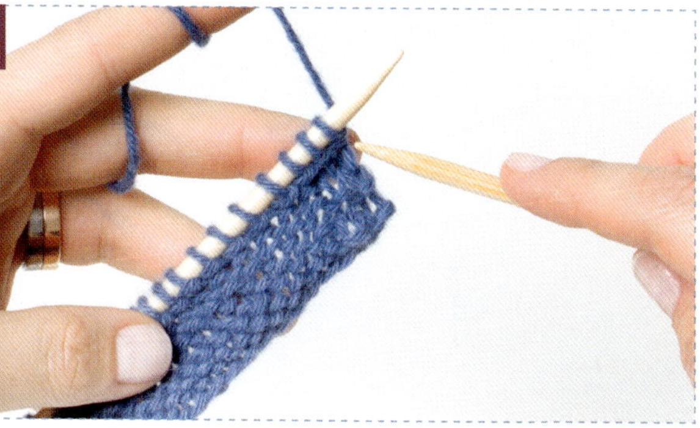

FORMEN MIT VERKÜRZTEN REIHEN

Verkürzte Reihen stricken bedeutet, die Reihe nicht vollständig, sondern kürzer zu stricken. Dazu wendet man bereits vor Erreichen des Reihenendes die Arbeit und strickt die Reihe wieder zurück.

Die besondere Herausforderung beim Stricken verkürzter Reihen ist, die beschriebene Wendung möglichst unsichtbar ins Gestrick einzufügen.

HINWEIS Findet die Wendung in einer links gestrickten Reihe statt, wird ebenso nach der Wendung die erste Masche (in diesem Fall dann eine rechte Masche) einfach wie zum Linksstricken abgehoben (der Arbeitsfaden liegt vorne). Danach wird der Arbeitsfaden über die Masche nach hinten gezogen.

WENDEMASCHE ALS DOPPELMASCHE

Bei dieser Methode wird die Masche der Wendestelle als Doppelmasche gearbeitet, indem sie nach der Wendung abgehoben und übergezogen wird. Die Technik wird in englischsprachigen Anleitungen als „German Short Rows" bezeichnet. Wichtig ist es, später beide Schenkel der Masche als eine gemeinsame Masche zu zählen und zu arbeiten.

Diese Methode eignet sich besonders für strapazierte Strickstücke, da die Wendung auch bei starker Dehnung des Gestricks kaum sichtbar ist.

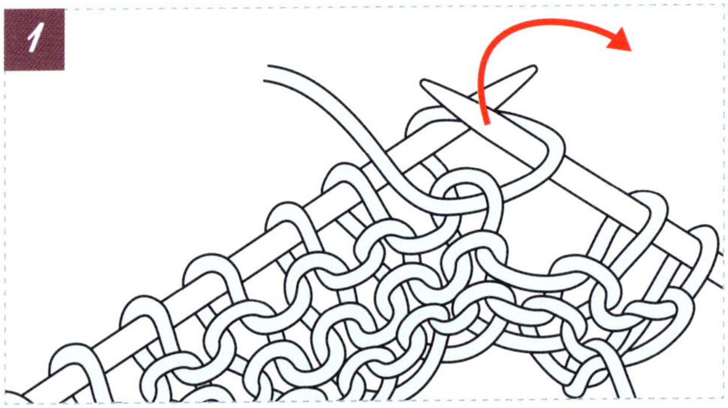

Nach der Wendung wird die erste Masche mit dem Faden vor der Arbeit wie zum Linksstricken abgehoben.

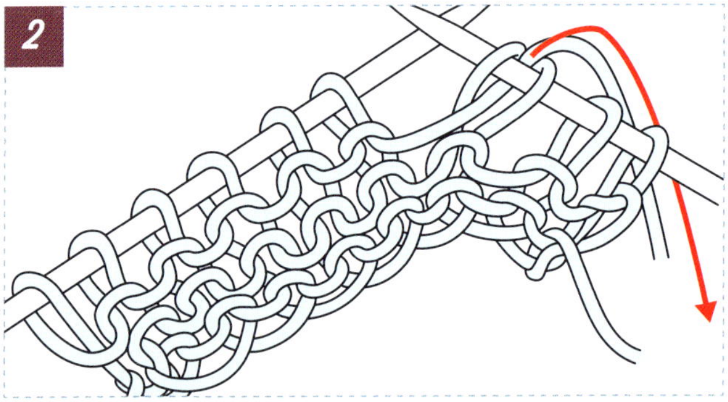

Anschließend den Arbeitsfaden über die rechte Nadel und über die eben gestrickte Masche nach hinten ziehen, sodass beide Maschenschenkel sichtbar werden.

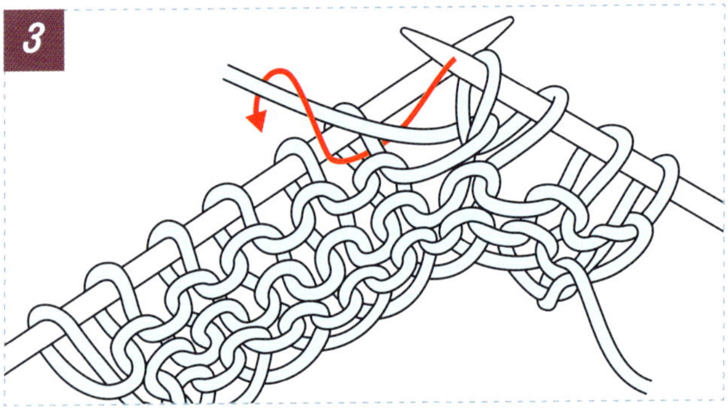

Dann die Reihe fortführen.

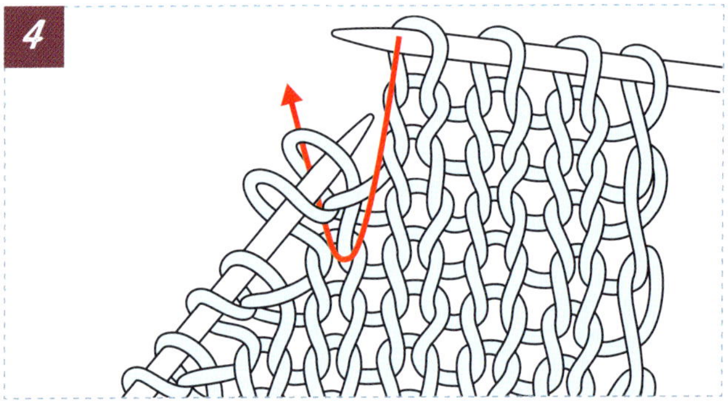

Wird später über die so gearbeiteten Wendemaschen gestrickt, achte darauf, die durch die Wendung entstandenen Doppelmaschen als eine Masche abzustricken.

FARBWECHSEL IN REIHEN

Eine häufige Stolperfalle stellt selbst für erfahrene Stricker*innen das Abwechseln von Farben dar. So kommt es immer wieder vor, dass alte Fäden bei Farbwechseln stets abgeschnitten werden. Strickst du viele Farbstreifen, so kann dir das Vernähen der Fäden am Ende schnell zum Verhängnis werden.

Lass stattdessen den alten Faden hängen und führe ihn am Rand der Arbeit mit nach oben. Entscheide selbst, über wie viele Reihen du dieses Vorgehen akzeptabel findest. Das ist persönliche Geschmackssache, es gibt hierfür keine festen Regeln.

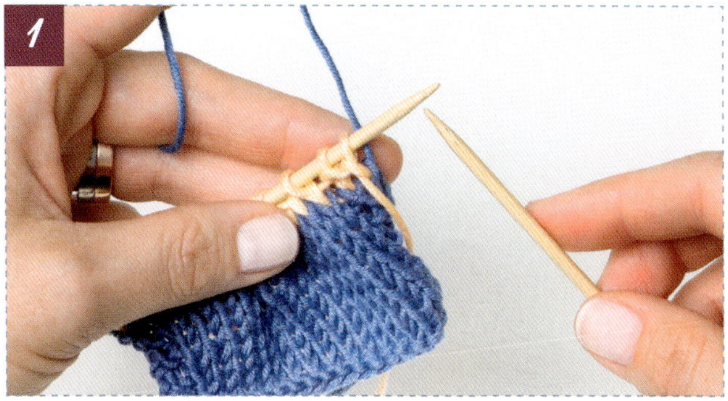

Strickst du zwei Farben abwechselnd und jeweils über nur wenige Reihen, so kannst du den jeweils nicht benötigten Faden am Rand mitlaufen lassen.

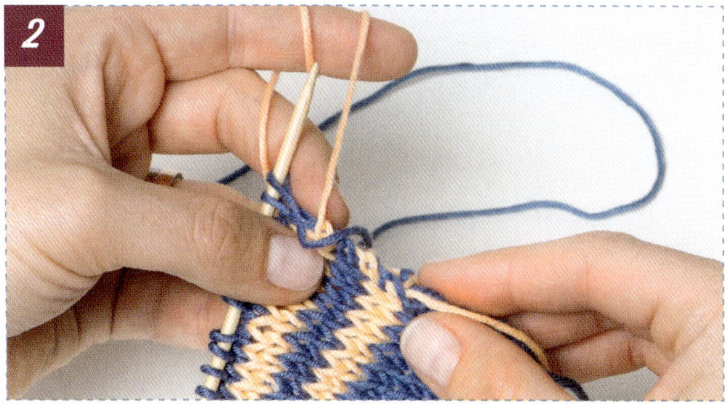

Du musst ihn auf diese Weise nicht bei jedem Farbwechsel abschneiden und sparst dir am Ende der Arbeit das Vernähen unzähliger Fäden.

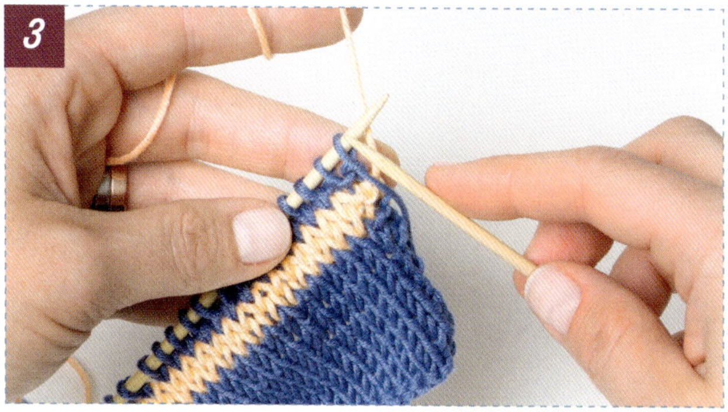

Der hochgeführte Faden ist natürlich am Rand ein wenig sichtbar. Hast du die Fäden jedoch sorgfältig und stets nach demselben Prinzip verkreuzt, so fällt dies am Ende kaum ins Gewicht.

Stricken in Runden

AUF DEM NADELSPIEL MIT 4 ODER 5 NADELN

Die gewünschte Maschenzahl wird gleichmäßig auf drei oder vier Nadeln verteilt und mit der vierten bzw. fünften Nadel werden die Maschen abgestrickt.

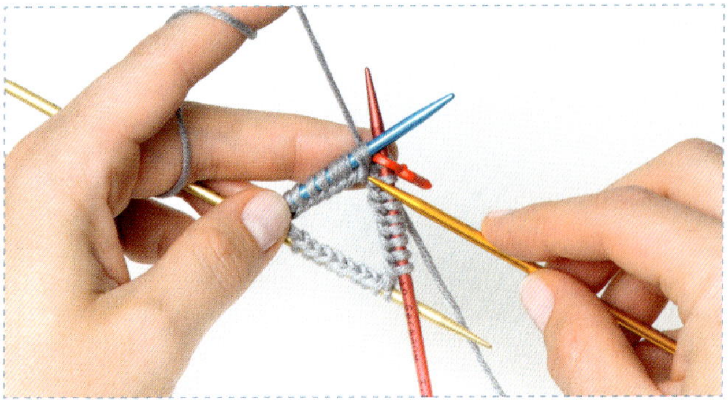

AUF DEM NADELSPIEL MIT 3 NADELN

Die gewünschte Maschenzahl wird gleichmäßig auf zwei Nadeln verteilt und mit der dritten Nadel werden die Maschen abgestrickt.

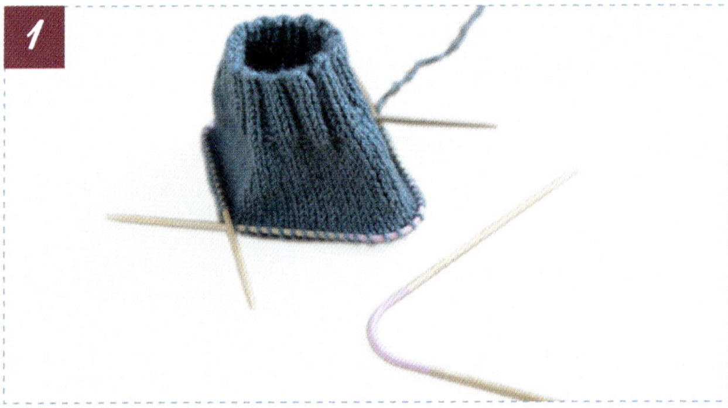

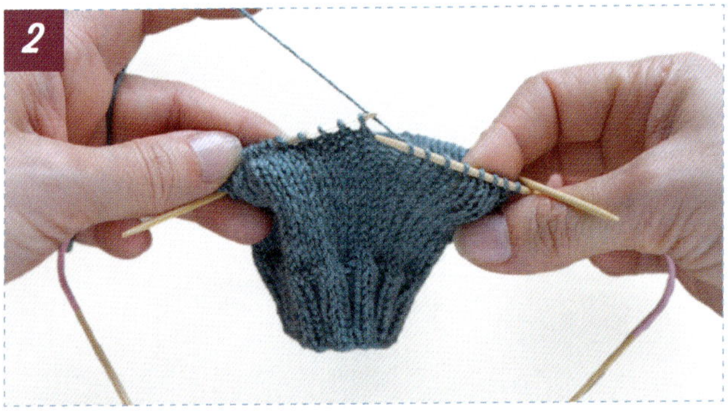

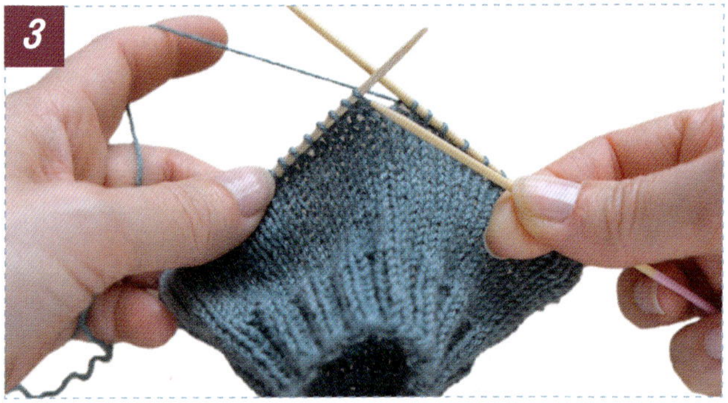

MIT 1 RUNDSTRICKNADEL

1

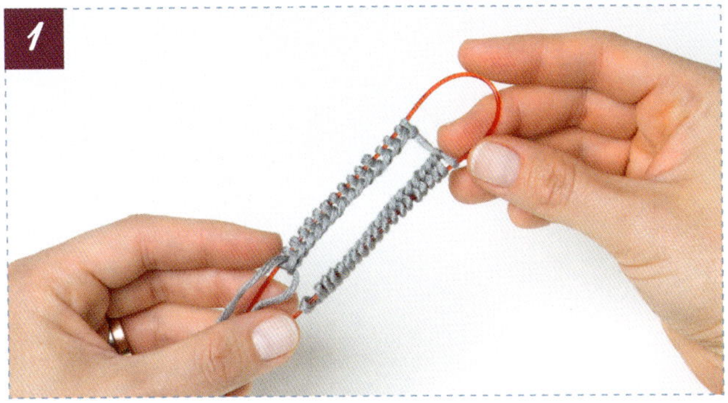

Für die Magic-Loop-Methode sollte die Rundstricknadel eine Länge von 100 cm haben.
Die gewünschte Maschenzahl auf der Rundstricknadel anschlagen. Genau in der Mitte der Maschen das Seil zu einer Schlaufe herausziehen.

2

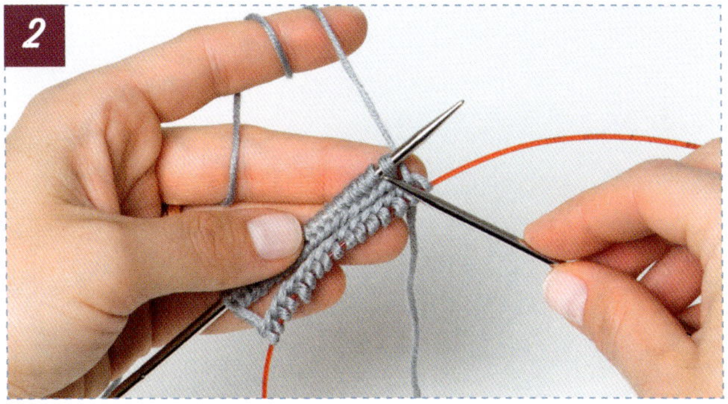

Die Hälfte der Maschen auf die linke Nadelspitze schieben, die andere Hälfte der Maschen liegt auf dem Seil. Dazwischen befindet sich die herausgezogene Schlaufe.

3

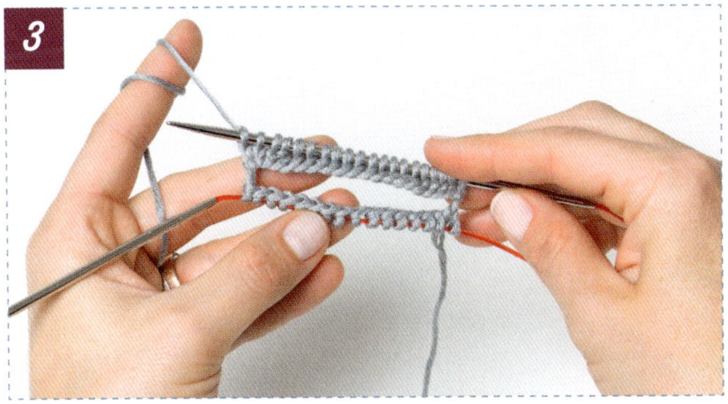

Mit der rechten Nadel bildet man auf der rechten Seite eine Schlaufe und strickt die Maschen von der linken Nadelspitze ab.

4

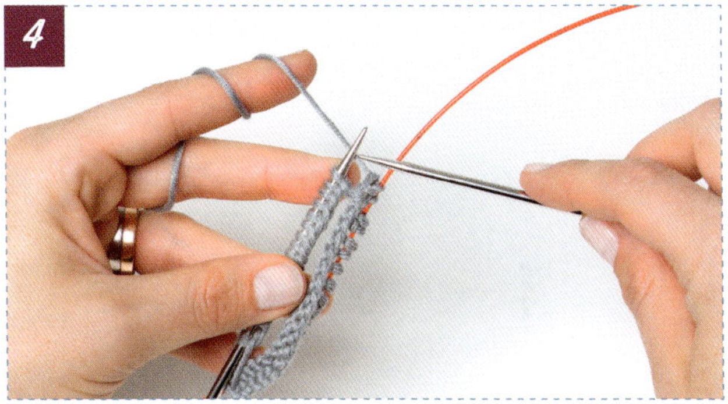

Wenden, die Maschen auf die linke Nadel schieben, die andere Hälfte der Maschen auf das Seil schieben. Die Maschen wie eben beschrieben mit der rechten Nadel abstricken.

MIT 2 RUNDSTRICKNADELN

Für das Stricken mit zwei Rundstricknadeln sollten beide Nadeln mindestens eine Länge von 60 cm haben.

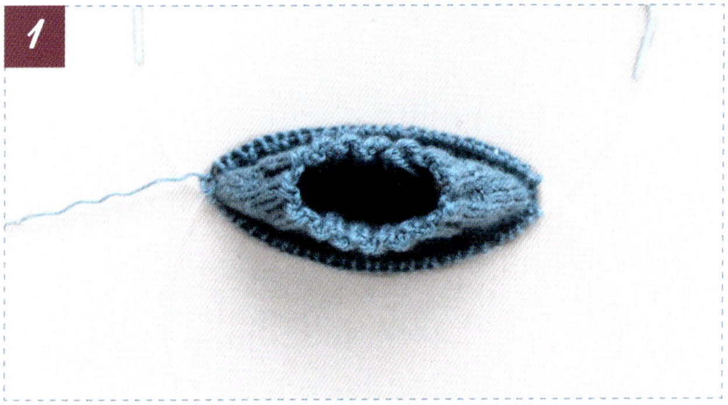

Die Maschen werden in zwei gleich große Hälften geteilt, von denen jede auf einer eigenen Rundstricknadel liegt. Jede Maschenhälfte wird jeweils nur mit den beiden Spitzen der Nadel abgestrickt, auf der sie liegt. Die restlichen Maschen ruhen währenddessen auf dem flexiblen Seil der anderen Nadel. Der Rundenbeginn befindet sich zwischen den Nadeln beim Anschlagsfaden.

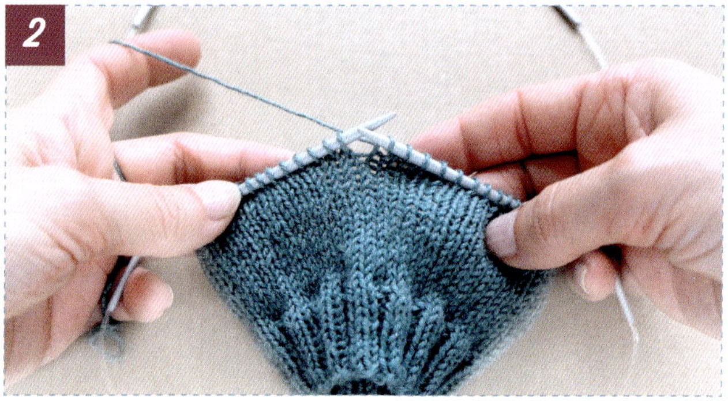

Die gewünschte Maschenanzahl gleichmäßig verteilt auf zweiRundstricknadeln anschlagen. Die hinteren Maschen auf das Seil der zweiten Rundstricknadel schieben, die beiden Nadelspitzen hängen herab. Die vorderen Maschen auf die Nadelspitze schieben und mit der freien Nadelspitze derselben Nadel stricken.

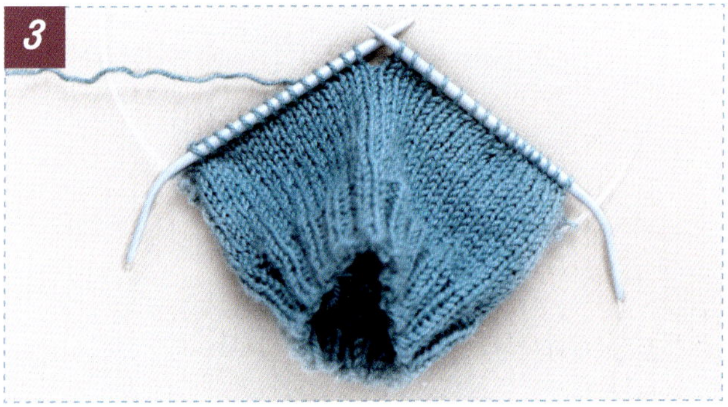

Die gestrickten Maschen auf das Seil schieben, die Arbeit wenden. Die Maschen der zweiten Nadel auf eine der Spitzen schieben und mit der Nadelspitze derselben Nadel stricken.

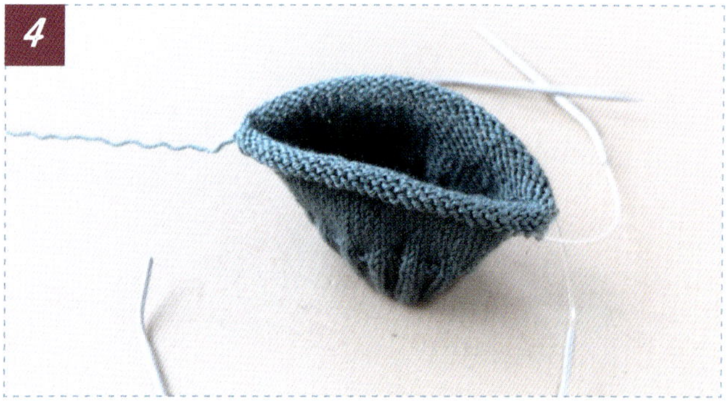

Die gestrickten Maschen auf das Seil schieben und die Arbeit wenden. Auf diese Weise fortfahren. Während eine Maschenhälfte gestrickt wird, ruht die andere auf dem Seil der ebenfalls ruhenden Rundstricknadel.

HINWEIS Egal für welche Methode du dich entscheidest, bitte beachte, dass der Rundenbeginn bei allen Socken in diesem Buch in der Mitte der Ferse ist. Bitte markiere dir den Rundenanfang immer mit einem Maschenmarkierer und sortiere dir je nach Bedarf die Maschen auf deinen Nadeln um. Für beide Rundstricknadel-Methoden bietet es sich an, den Rundenbeginn in die Mitte einer Nadel zu legen.

Da alle Modelle in diesem Buch mit dem klassischen Nadelspiel gestrickt sind, ist es für alle anderen Methoden wichtig, die Maschen zumindest beim Stricken von Ferse und Spitze gedanklich oder mit Maschenmarkierern in vier Teile zu teilen.

FARBWECHSEL IN RUNDEN

Bei Farbwechseln in Runden entstehen beim Rundenwechsel unschöne Farbabsätze (sogenannte „Treppchen"), die du mit dem folgenden Trick verhindern kannst.

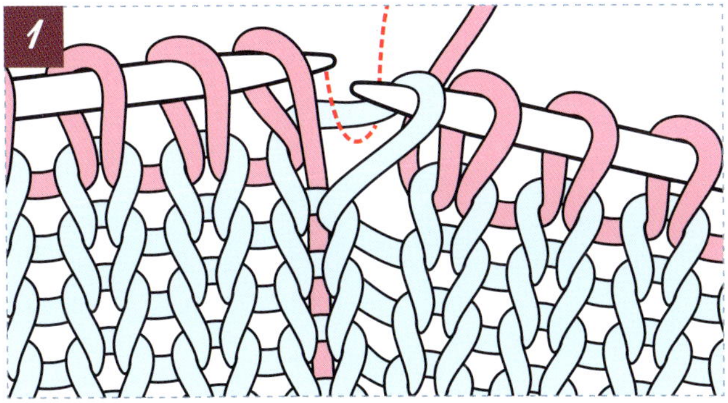

Stricke die erste Runde mit der neuen Farbe.

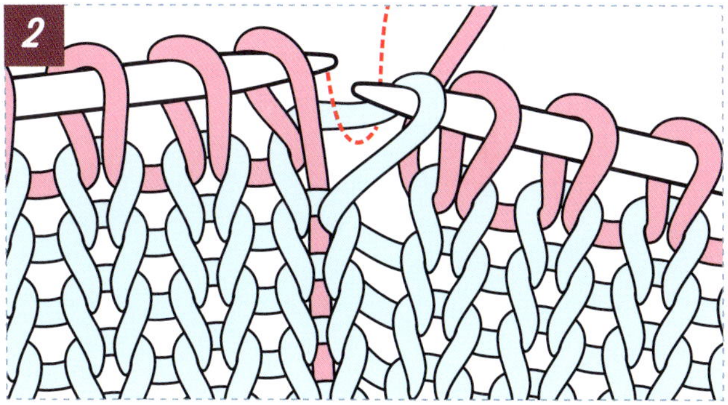

Zu Beginn der zweiten Runde hebst du aus der Vorreihe die Masche, die unter der ersten Masche liegt, hoch auf die linke Nadel …

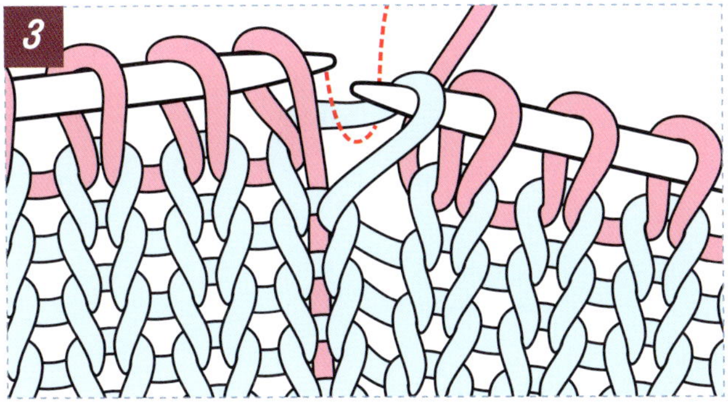

… und strickst sie mit der ersten Masche der zweiten Runde zusammen.

HINWEIS Auch beim Farbwechsel in Runden kannst du den nicht genutzten Faden auf der Rückseite mit nach oben führen. In diesem Fall können die Farbwechsel sogar weniger häufig stattfinden. Verkreuze die Fäden dabei in jeder Runde, um Schlaufen auf der Rückseite zu verhindern.

Abnahmen

NACH RECHTS GENEIGTE ABNAHMEN

Maschen rechts zusammenstricken

Diese Abnahmen erscheinen im Gestrick nach rechts geneigt. Sie werden daher am linken Rand gearbeitet.

1

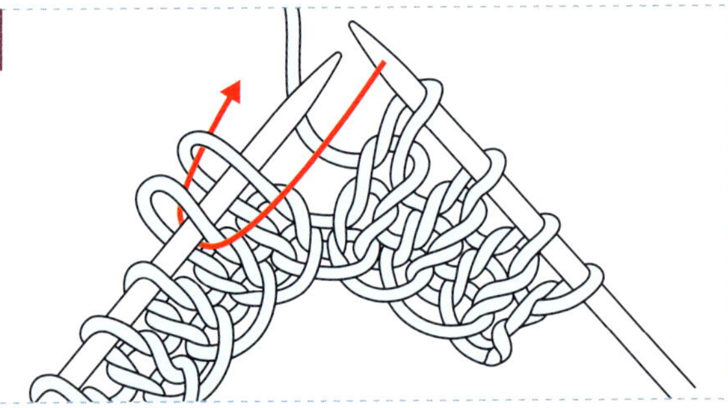

Führe die rechte Nadel von links nach rechts erst durch die übernächste, dann durch die nächste Masche auf der linken Nadel.

2

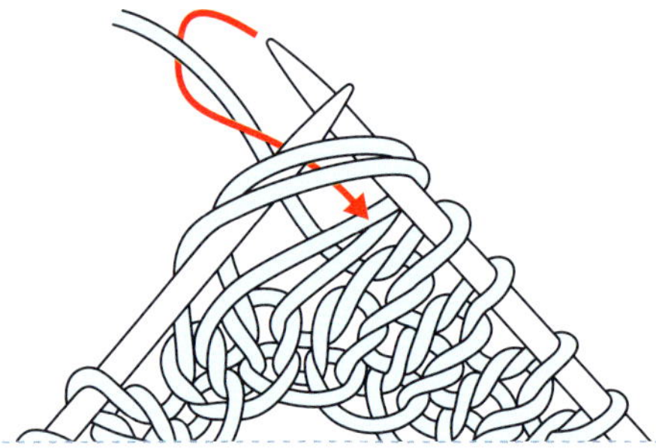

Hole den Arbeitsfaden wie zum Rechtsstricken durch.

3

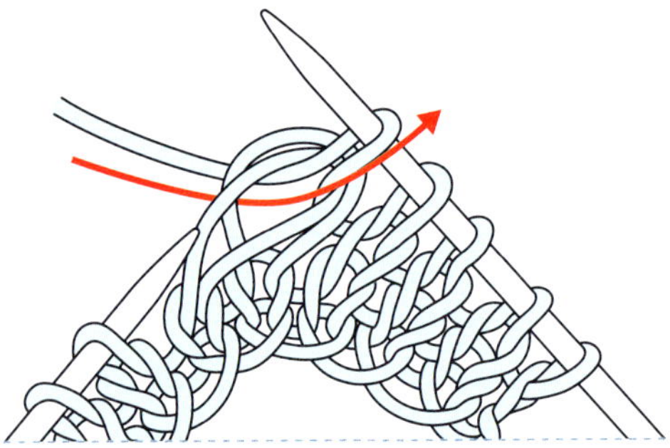

Lass beide Maschen von der linken Nadel gleiten.
Auf diese Weise kannst du natürlich auch drei oder mehr Maschen zusammenstricken.

Tipp

Als kleine Merkregel für Abnahmen am Rand gilt: Die Abnahme sollte immer parallel zum Rand verlaufen. Wenn du am linken Rand eine Abnahme strickst, wird sich der Rand nach rechts neigen. Du solltest also entsprechend eine nach rechts geneigte Abnahme stricken. Und umgekehrt.

NACH LINKS GENEIGTE ABNAHMEN

Diese Abnahmen erscheinen auf der Seite, auf der sie gestrickt werden, nach links geneigt. Sie werden daher am rechten Rand gearbeitet.

Rechts verschränkt zusammenstricken

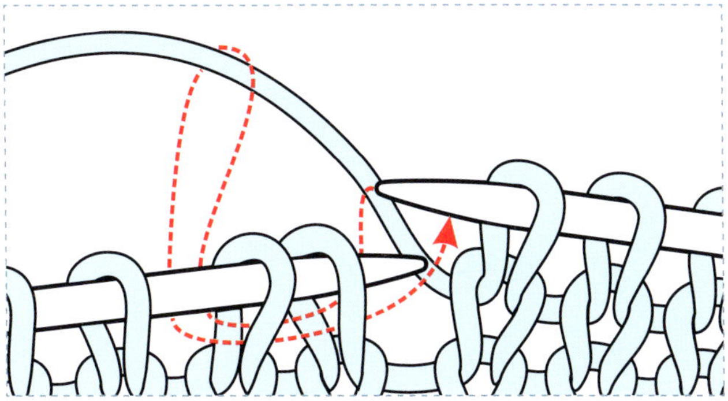

Führe die rechte Nadel hinten von rechts nach links durch die nächsten beiden Maschen und stricke sie verschränkt zusammen ab.

HINWEIS Diese Abnahme wird auf linkem Untergrund gearbeitet und erscheint auf der linken Seite nach rechts geneigt. Sie wird daher am linken Rand ausgeführt. Auf der anderen Seite (rechte Seite) erscheint sie nach links geneigt.

Rechts abgehoben zusammenstricken

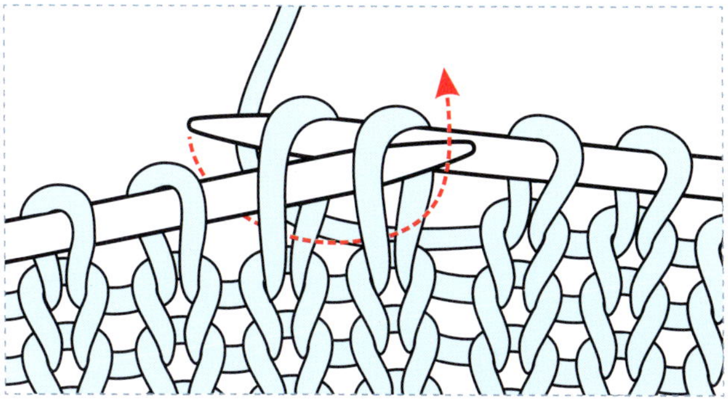

Die nächsten beiden Maschen einzeln wie zum Rechtsstricken abheben, danach zurück auf die linke Nadel legen (sodass sie wie dargestellt verdreht auf der Nadel liegen) und anschließend rechts verschränkt zusammenstricken.

RECHTS ÜBERZOGEN ZUSAMMENSTRICKEN

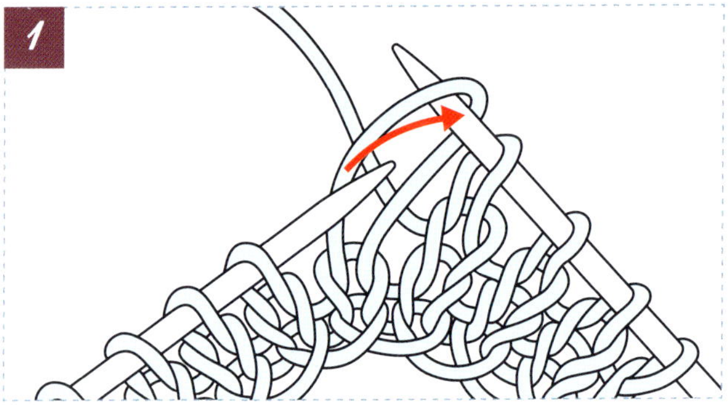

Die erste Masche wie zum Rechtsstricken abheben.

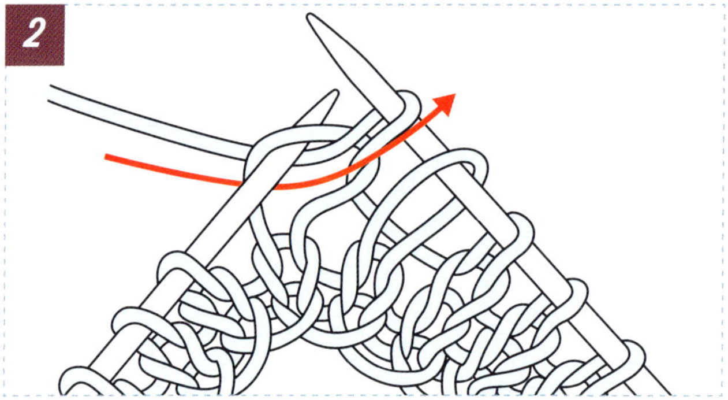

Die nächste Masche rechts stricken.

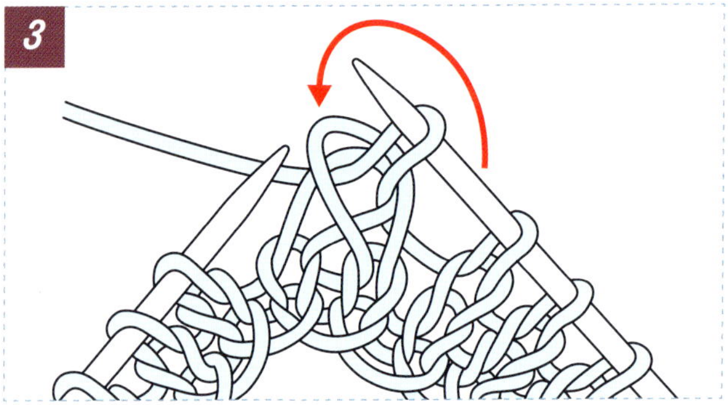

Die zuvor abgehobene Masche von rechts nach links überziehen.

Zunahmen

1 MASCHE LINKSGENEIGT RECHTS AUS DEM QUERFADEN ZUNEHMEN

Zunahmen aus dem Querfaden sind besonders beliebt, da sie sich sehr schön in ein glatt rechtes Maschenbild einfügen. Gerne werden sie auch links und rechts von einer oder mehreren Mittelmaschen gestrickt. In diesem Fall arbeitet man sie gegengleich einmal nach rechts und einmal nach links geneigt.

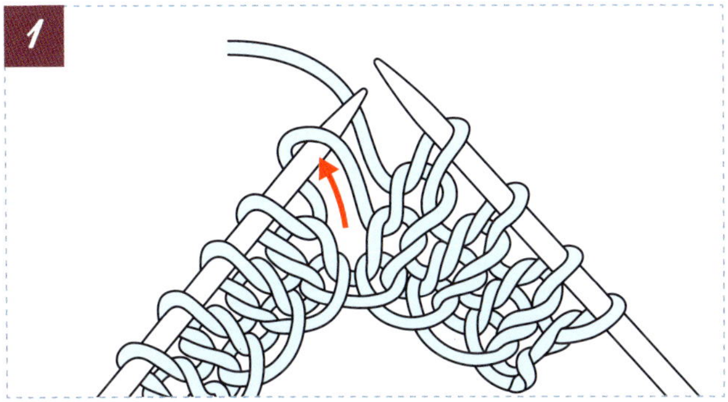

Mit der linken Nadel von vorn den Querfaden zwischen der rechten und linken Nadel aufnehmen.

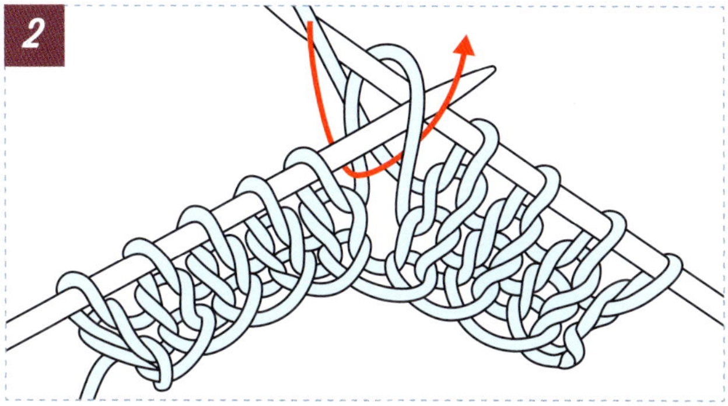

Diesen Querfaden rechts verschränkt stricken …

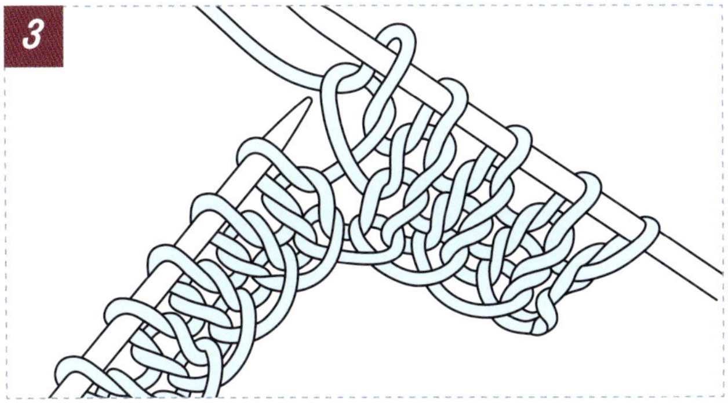

… und von der linken Nadel gleiten lassen.

Tipp

Die zugenommene Masche neigt sich nach links weg von der rechts daneben gearbeiteten Masche.

1 MASCHE RECHTSGENEIGT RECHTS AUS DEM QUERFADEN ZUNEHMEN

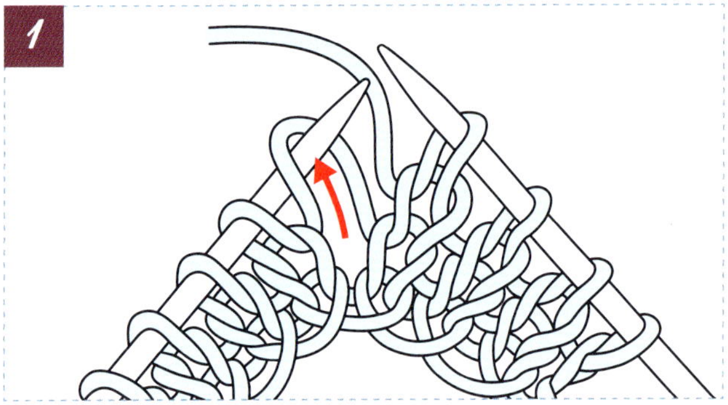

Mit der linken Nadel von hinten den Querfaden zwischen der rechten und linken Nadel aufnehmen.

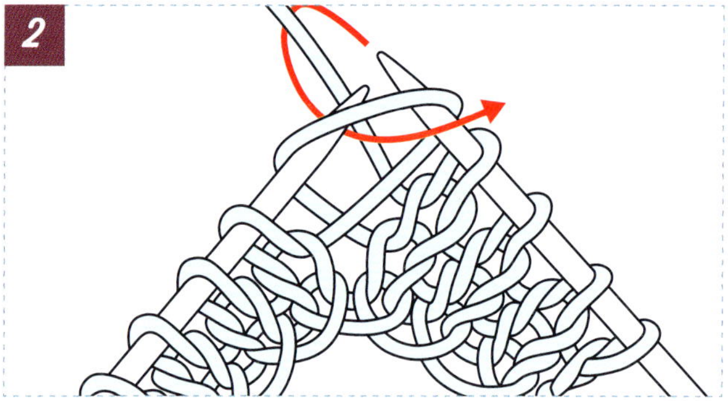

Diesen Querfaden normal rechts abstricken …

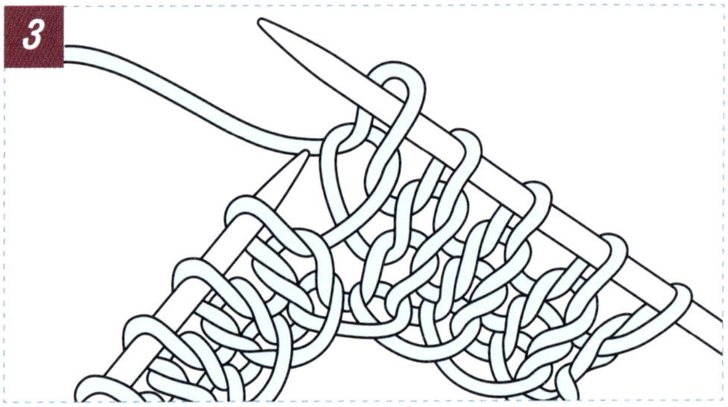

… und von der linken Nadel gleiten lassen.

ESELSBRÜCKE Für die Neigung, die durch die Aufnahme des Querfadens von vorn oder von hinten entsteht, verrate ich dir eine Eselsbrücke: „Ich LIeß die VORDERtür offen" (von der Vorderseite aufgenommener Querfaden ergibt eine nach links geneigte Zunahme) und „Ich bin REchtzeitig zuRÜCK" (von der Rückseite aufgenommener Querfaden ergibt eine nach rechts geneigte Zunahme).

Maschen aufnehmen

Je nachdem, wie der Rand eines Strickstücks beschaffen ist, werden die Maschen in unterschiedlicher Weise aufgefasst, und es sind für diesen Vorgang einige Besonderheiten zu beachten. Die Aufnahme neuer Maschen kann dabei überall um das und auf dem Strickstück erfolgen: Es ist möglich, aus horizontalen Kanten (einer Anschlags- oder Abkettkante), vertikalen Kanten (den Seitenkanten), schrägen bzw. abgerundeten Kanten oder auch direkt mitten aus dem Gestrick heraus Maschen aufzufassen.

Um Maschen aufzunehmen, wird auf der rechten Seite des Strickstücks (Vorderseite) von rechts nach links gearbeitet.

Wenn du bereits einige Stücke oder Maschenproben in glatt rechts oder kraus rechts gestrickt hast, wird dir aufgefallen sein, dass Maschen unterschiedlich breit und hoch sind.

Das Verhältnis zwischen Maschenbreite und Maschenhöhe hängt vom gestrickten Muster ab. Glatt rechts gestrickte Maschen erscheinen im Strickbild schmaler als kraus rechts gestrickte Maschen. Zopfmuster ziehen sich häufig sehr stark zusammen, sodass das Verhältnis von Breite zu Höhe gegenüber glatt rechts gestrickten Stücken stark variieren kann.

Tipp

Falls sich das Gestrick nach dem Auffassen der Maschen, egal an welcher Art Kante, zusammenzieht oder kräuselt, wurden zu wenige oder zu viele Maschen aufgefasst. In diesem Fall muss das Aufnahmeintervall (d. h. das Verhältnis der Anzahl der aufgenommenen Maschen zur Randbreite) angepasst werden.

MASCHEN AN EINER SEITENKANTE AUFNEHMEN

Werden Maschen aus einer Seitenkante eines Strickstücks aufgefasst, ist die zuvor erwähnte Besonderheit zu beachten: Gestrickte Maschen sind meistens breiter als hoch.

Wird aus jeder gestrickten Reihe eine Masche aufgenommen, wird die angestrickte Reihe zu breit. Es entstünde eine Rüsche.

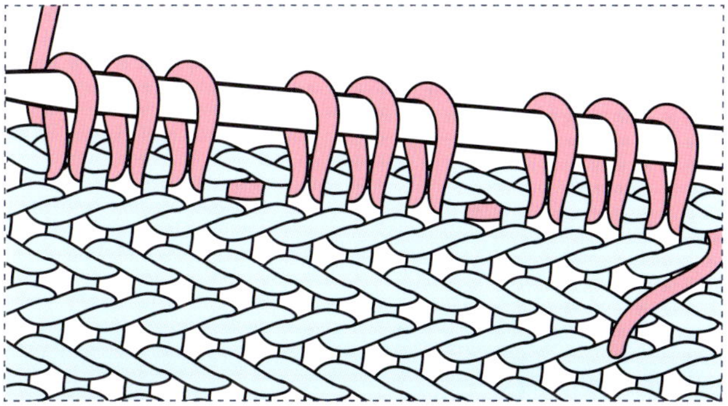

HINWEIS Das Verhältnis von Maschen zu Reihen ist bei kraus gestrickten Strickstücken etwa 1 : 2, bei glatt gestrickten Strickstücken etwa 3 : 4. Das exakte Verhältnis kann anhand der Maschenprobe bestimmt werden.

Tipp

Möchtest du in einer Kontrastfarbe weiterstricken, fasse die Maschen zunächst in der vorherigen Farbe auf und stricke erst die nächste Reihe in der Kontrastfarbe. Der Übergang wird so schöner und unauffälliger.

Der Abschluss

ABKETTEN DURCH ÜBERZIEHEN

Die einfachste Form des Abkettens ist das Abketten durch Überziehen. Diese Methode ist für rechte und linke Maschen gleichermaßen anwendbar.

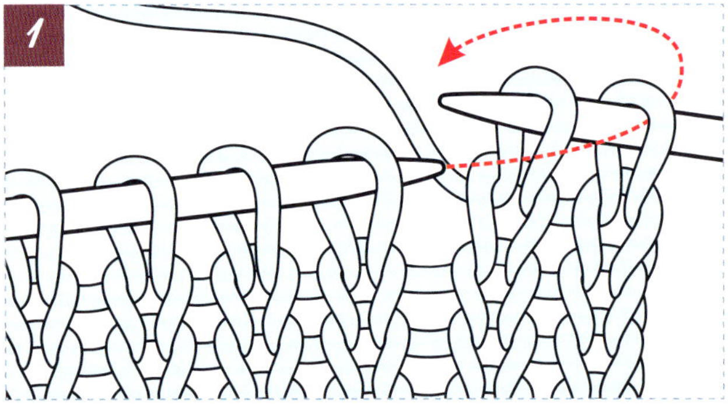

Stricke die ersten beiden Maschen rechts und stich anschließend mit der linken Nadel von links in die zuerst abgestrickte der beiden Maschen.

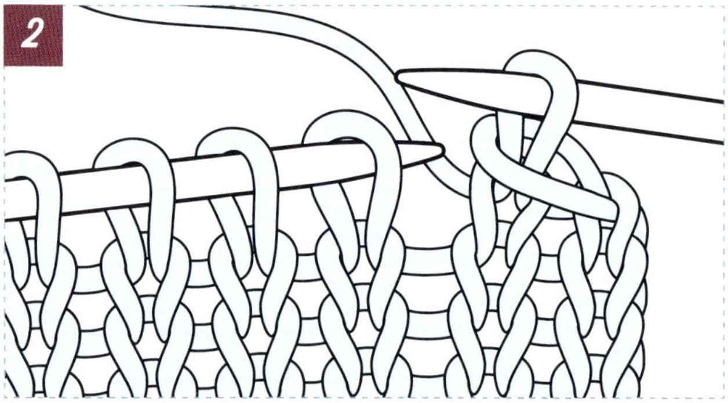

Ziehe diese Masche über die links neben ihr und lass die übergezogene Masche von der Nadel gleiten. Eine Masche wurde abgekettet. Stricke die nächste Masche rechts und ziehe erneut die Masche rechts von ihr über.

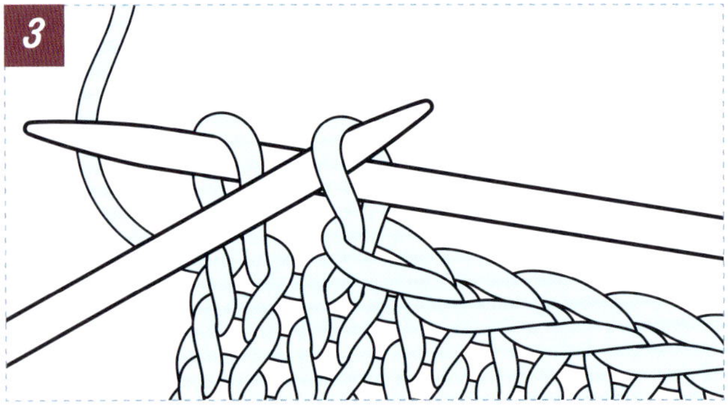

Wiederhole diesen Vorgang bis zum Ende der Reihe. Dort ziehst du das Fadenende durch die letzte Masche, lass es beim Abschneiden aber gut 10 cm lang, damit du es später problemlos vernähen können.

HINWEIS Das Abketten linker Maschen oder im Muster erfolgt nach demselben Prinzip. Die Maschen werden dabei stets so gestrickt, wie sie erscheinen, rechte Maschen also rechts, linke Maschen links.

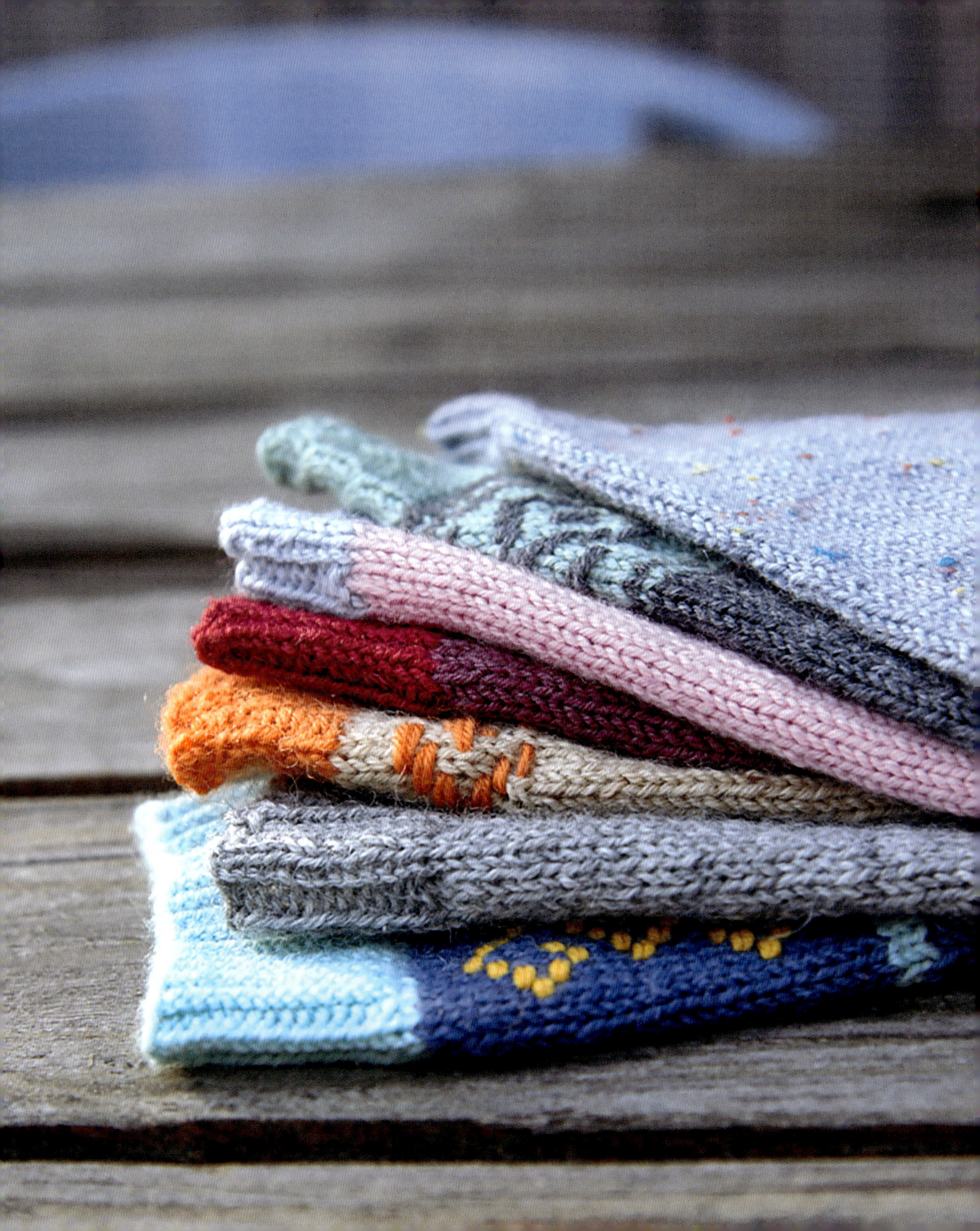

Projekte fertigstellen

FÄDEN VERNÄHEN

Am Ende des Strickprojekts müssen alle Fäden vernäht werden, die durch Farb- oder Knäuelwechsel während der Arbeit hängen geblieben sind. Es erleichtert das saubere Vernähen, wenn diese Fäden nach dem Anschlagen, Abketten oder einem Garnwechsel nicht zu kurz abgeschnitten, sondern mindestens 10 cm lang gelassen werden.

Tipp

Bei dickeren Garnen kannst du die einzelnen Fäden auch aufdrehen und dann separat vernähen.

1

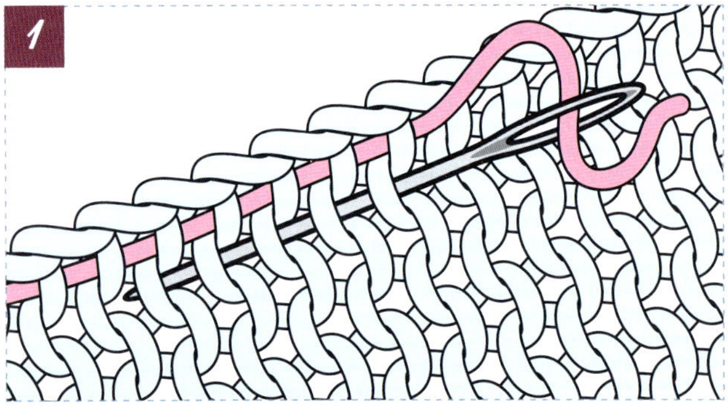

Vernähe die Fäden möglichst am Rand des Strickstücks.

2

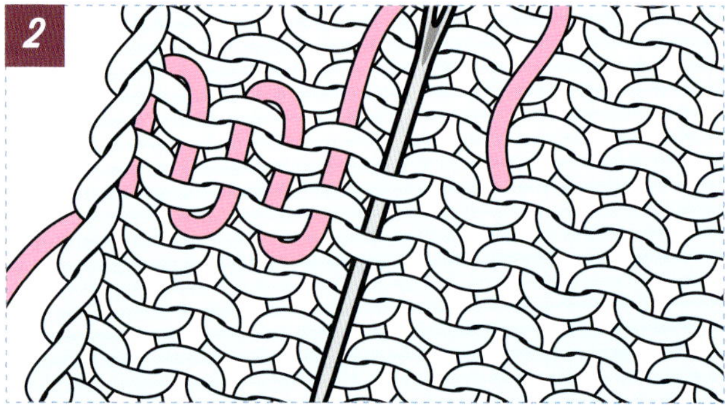

Solltest du dennoch einmal im Gestrick vernähen müssen, ziehe den Faden zunächst auf die Rückseite. Vernähe ihn dort in schlangenförmigem Verlauf.

WASCHEN & SPANNEN

Wasche das Strickstück in der Maschine oder lass es in lauwarmem Wasser im Handwaschbecken einweichen. Bei kräftigen Farben solltest du unbedingt beobachtend in der Nähe bleiben und das Stück sofort aus dem Wasser holen, falls die Farben ausbluten. Spüle dein Projekt anschließend gut aus, drücke das Wasser heraus, ohne zu wringen, und wickle die Arbeit in ein Handtuch ein.

Drücke die Feuchtigkeit weiter heraus. Lege das Teil dann auf deine Spannunterlage und ziehe es in Form. Berücksichtige dabei ggf. die in der Strickanleitung vorgegebenen Maße. Fixiere das Strickstück auf der Unterlage mithilfe von T-Nadeln. Je nach Muster oder gewünschtem Effekt kannst du mithilfe von Spanndrähten, die du in die Randmaschen einfädelst, Spannung auf das Strickstück bringen. Lass die Arbeit anschließend liegend trocknen.

HINWEIS Achte darauf, dass du rostfreie Stecknadeln verwendest. Nutze am besten die im Strickzubehör erhältlichen T-Nadeln.

MEHRFARBIG STRICKEN: ZÄHLMUSTER FÜR FARBMUSTER

Strickst du mehrfarbige Modelle, so findest du in der Anleitung meist ein Zählmuster, das das Muster optisch darstellt. Jedes Kästchen steht dabei für eine Masche, jede Zeile für eine gestrickte Reihe oder Runde. Strickst du in Reihen, so werden Hinreihen von rechts nach links, Rückreihen von links nach rechts gelesen.

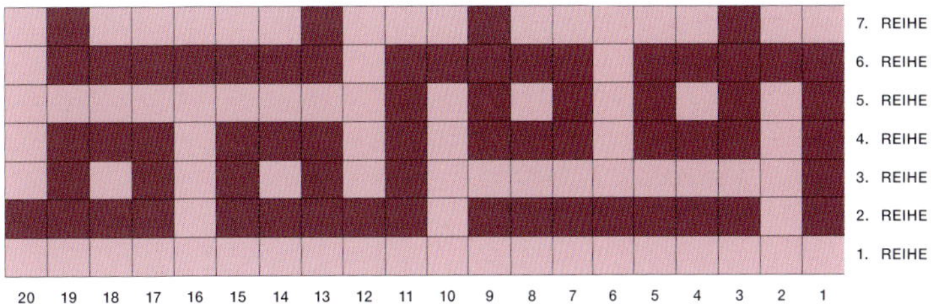

Socken stricken

BÜNDCHEN

Sockenbündchen werden elastisch gestrickt, damit die Socke einen guten Halt am Bein hat und nicht rutscht. Neben klassischen Rippenmustern kann man auch kreativ werden und dekorative Bündchenmuster, z. B. mit Zopfmuster, stricken.

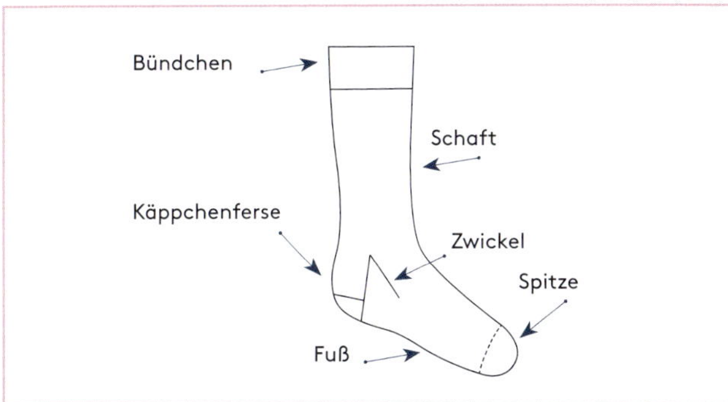

SCHAFT

An das Bündchen schließt sich der Schaft an, der meist ohne Zu- oder Abnahmen in Runden gestrickt wird. Wenn die Muster es zulassen, kann die Schaftlänge frei gewählt werden.

FERSE

Die Ferse ist der wichtigste Teil der Socke, hier entscheidet sich, ob die fertige Socke gut sitzt. Entscheidend für die perfekte Passform sind die Spannhöhe und die Fersenbreite. In diesem Buch findest du drei verschiedene Fersen, die dir im Folgenden erklärt werden.

DIE BUMERANGFERSE

Für Füße mit einem niedrigen Spann, die Fersenbreite spielt hier keine große Rolle. Wie die Ferse gestrickt aussieht, siehst du z.B. bei Projekt Ilme auf Seite 83.

Diese Ferse wird durch verkürzte Reihen geformt. Bei Mustersocken ist sie weniger geeignet, da auf der Hälfte der Ferse zwei Reihen über die komplette Socke gearbeitet werden müssen und Muster so unterbrochen werden. Wie auch bei der nachträglich eingestrickten Ferse gibt es hier keinen Zwickel, wodurch die Passform nicht ideal ist.

Die Fersenmaschen werden gedanklich nach den für die jeweilige Größe angegebenen Maschenzahlen der Sockentabelle eingeteilt. Ausgangspunkt ist die Mitte der mittleren Fersenmaschen.

1. Reihe (Hinreihe): Rechts stricken bis zum Ende der Fersenmaschen. Arbeit wenden.

2. Reihe (Rückreihe): Wendemasche arbeiten, links stricken bis zum Ende der Fersenmaschen. Arbeit wenden.

3. Reihe (Hinreihe): Wendemasche arbeiten, rechts stricken bis zur Wendemasche, Arbeit wenden.

4. Reihe (Rückreihe): Wendemasche arbeiten, links stricken bis zur Wendemasche, Arbeit wenden.

Die 3. und 4. Reihe fortlaufend wiederholen, bis alle Seitenteilmaschen als Wendemaschen auf der Nadel liegen.

Zwischenrunden: Über alle Maschen (Oberfuß und Ferse) werden nun zwei Runden rechte Maschen gearbeitet, wobei in der ersten Runde beide Schenkel der Wendemaschen jeweils als eine Masche zusammengestrickt werden. Die Oberfußmaschen erneut stilllegen und über die Fersenmaschen den zweiten Fersenabschnitt arbeiten. Ausgangspunkt ist die Mitte der Fersenmaschen.

1. Reihe (Hinreihe): Maschen des Mittelteils und die erste Masche der Seitenteilmaschen rechts stricken, Arbeit wenden.

2. Reihe (Rückreihe): Wendemasche arbeiten, Maschen des Mittelteils und die erste Masche der Seitenteilmaschen links stricken, Arbeit wenden.

3. Reihe (Hinreihe): Wendemasche arbeiten. Maschen des Mittelteils rechts stricken, beide Schenkel der Wendemasche als eine Masche rechts stricken, nächste Masche der Seitenteilmaschen rechts stricken, Arbeit wenden.

4. Reihe (Rückreihe): Wendemasche arbeiten, Maschen des Mittelteils links stricken, beide Schenkel der Wendemasche als eine Masche links stricken, nächste Masche der Seitenteilmaschen links stricken, Arbeit wenden.

Die 3. und 4. Reihe fortlaufend wiederholen, bis die beiden äußeren Maschen der Seitenteilmaschen als Doppelmaschen auf der Nadel liegen. Mit einer halben Hinreihe in der Fersenmitte enden und in Runden über alle Maschen weiterarbeiten.

DIE KÄPPCHENFERSE

Für Füße mit einem hohen Spann und einer schmalen Trittbreite. Wie die Ferse gestrickt aussieht, siehst du z.B. bei Projekt Kalev auf Seite 92.

Die Käppchenferse ist der Klassiker unter den Fersen. Sie besteht aus drei Teilen – wobei zuerst die Rückwand in Reihen gestrickt wird, bevor das Käppchen durch entsprechendes Zusammenstricken von Maschen gearbeitet wird und abschließend neue Maschen aus der entstandenen Kante aufgenommen werden und ein keilförmiger Zwickel für die bessere Passform der gesamten Socke gestrickt wird. Für die Fersenwand werden die Fersenmaschen nach Angabe in der Sockentabelle eingeteilt und die angegebene Reihenzahl gearbeitet, bevor das eigentliche Käppchen über die angegebene Maschenzahl wie folgt gearbeitet wird:

1. Reihe (Hinreihe): Maschen rechts stricken bis 1 Masche vor Ende der mittleren Maschen (siehe Sockentabelle Seite 41). Die letzte Masche und die erste Masche der Seitenteilmaschen nacheinander abheben wie zum Rechtsstricken, zurück auf die linke Nadel legen und rechts verschränkt zusammenstricken.

2. Reihe (Rückreihe): 1 Masche abheben wie zum Linksstricken mit Faden vor der Nadel, links stricken bis 1 Masche vor Ende der mittleren Maschen. Diese letzte Masche mit der ersten Masche der Seitenteilmaschen links zusammenstricken.

3. Reihe (Hinreihe): 1 Masche abheben wie zum Linksstricken mit Faden vor der Nadel, rechts stricken bis 1 Masche vor Ende der mittleren Maschen. Die letzte Masche und die erste Masche der Seitenteilmaschen nacheinander abheben wie zum Rechtsstricken, zurück auf die linke Nadel legen und rechts verschränkt zusammenstricken.

Die 2. und 3. Reihe wiederholen, bis alle Seitenteilmaschen „aufgebraucht" sind. Mit einer Hinreihe in der Mitte der Ferse enden.

Stricke nun in Runden über alle Maschen weiter, dabei wird in der ersten Runde aus den Kanten der Fersenwand je 1 Masche aus 2 Reihen aufgenommen. Die so zusätzlich für mehr Platz am Spann gewonnenen Maschen werden in den Zwickelabnahmen wieder abgenommen, sodass man für den Mittelfuß erneut mit der zu Beginn angeschlagenen Maschenzahl weiterarbeitet.

Nach dem Aufnehmen der Maschen eine Runde über alle Maschen bis zur Mitte der Ferse stricken.

Zwickelabnahmen: Rechts stricken bis 3 Maschen vor Ende der Sohlenmaschen, 2 Maschen rechts zusammenstricken. Die Oberfußmaschen rechts (bzw. nach Muster) stricken. Die erste Masche der darauffolgenden Sohlenmaschen rechts stricken, danach 2 Maschen nacheinander wie zum Rechtsstricken abheben, zurück auf die linke Nadel legen und rechts verschränkt zusammenstricken. Weiter rechts stricken bis zur Fersenmitte.

Arbeite diese Abnahmerunde je nach Spannhöhe in jeder 2. oder 3. Runde, bis alle zusätzlichen Maschen abgenommen sind und du wieder bei der ursprünglichen Maschenzahl angelangt bist.

Je nachdem, ob in jeder 2. oder in jeder 3. Runde eine Abnahmerunde gearbeitet wird, wird der Zwickel steiler oder flacher.

DIE ZUNAHMEFERSE

Für Füße mit einem hohen Spann und einer mittleren Trittbreite. Wie die Ferse gestrickt aussieht, siehst du z.B. bei Projekt Veli auf Seite 58.

Die Zunahmeferse gleicht optisch einer Käppchenferse. Der Raum für die Ferse wird durch einen großen Keil geschaffen, der durch Zunahmen in der Fersenmitte entsteht. Im Gegensatz zu anderen Fersen wird für diesen Teil der Ferse weiter in Runden gearbeitet. Den Tritt formt dann ein weiterer Keil aus verkürzten Reihen.

Fersenwandkeil

Für den Fersenwandkeil die Gesamtmaschenzahl gedanklich in zwei gleiche Teile teilen: Oberfußmaschen und Fersenmaschen. Den Fersenwandkeil in Runden über die Fersenmaschen stricken, die Oberfußmaschen eventuell im Muster arbeiten.

Im Gegensatz zu anderen Fersen ist der Ausgangspunkt nicht die Mitte der Fersenmaschen, sondern der Beginn der 4. Nadel.

1. Runde: Bis 1 Masche vor die Fersenmitte rechts stricken, 1. Maschenmarkierer setzen, 1 Masche linksgeneigt rechts aus dem Querfaden zunehmen ▸Bild 1, 2 Maschen rechts stricken. 1 Masche rechtsgeneigt rechts aus dem Querfaden zunehmen ▸Bild 2, 2. Maschenmarkierer setzen. Alle übrigen Maschen rechts stricken.

2. Runde: Alle Maschen stricken, wie sie erscheinen, die Maschenmarkierer abheben.

3. Runde: Bis zum ersten Maschenmarkierer rechts stricken, den Maschenmarkierer abheben. 1 Masche linksgeneigt rechts aus dem Querfaden zunehmen. Rechts stricken bis zum 2. Maschenmarkierer, 1 Masche rechtsgeneigt rechts aus dem Querfaden zunehmen, Maschenmarkierer abheben. Restliche Maschen rechts stricken.

4. Runde: Alle Maschen stricken, wie sie erscheinen, Maschenmarkierer abheben. ▸Bild 3

1

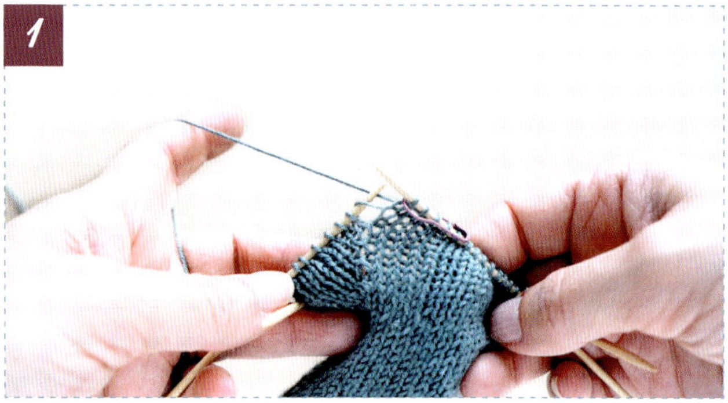

2

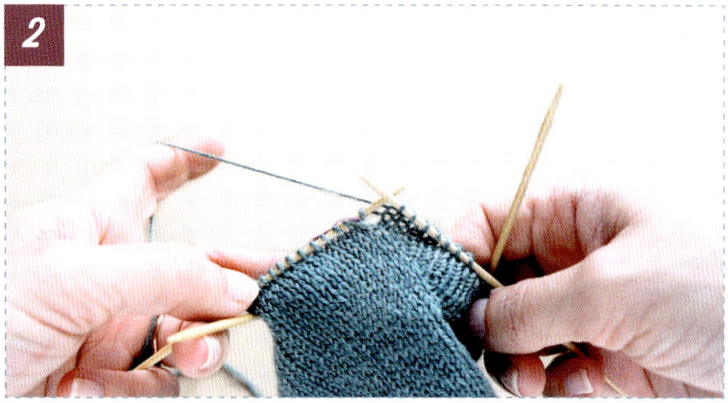

3

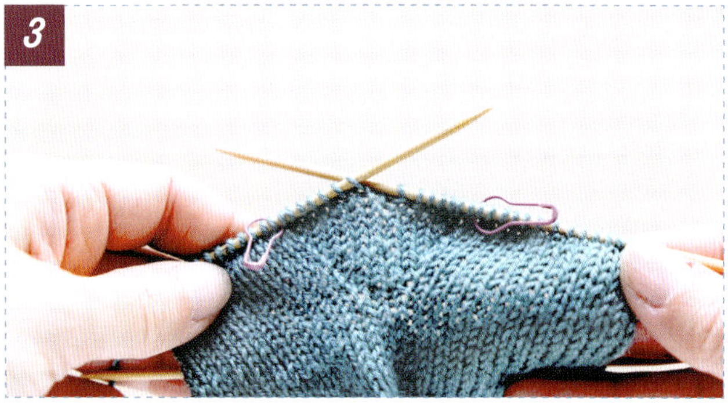

Die 3. und 4. Runde fortlaufend wiederholen, bis an beiden Seiten je 1 M weniger zugenommen wurde als die Hälfte der Fersenmaschen. MM entfernen, die Runde endet wieder vor der 4. Nadel. ▸Bild 4 und ▸Bild 5

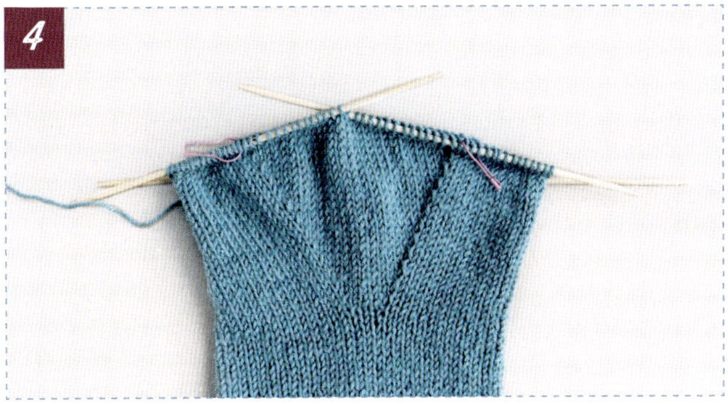

4

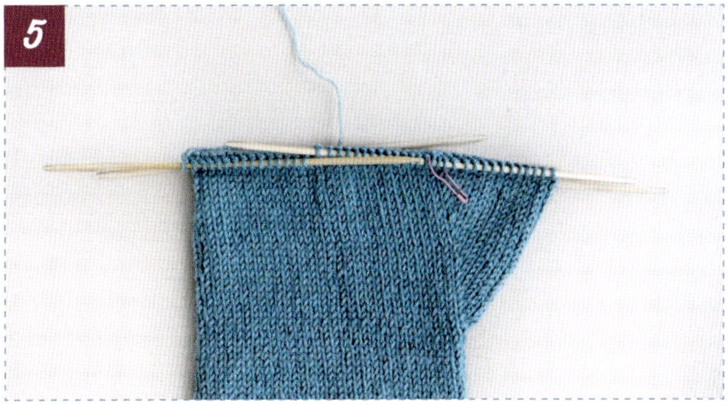

5

Fersentrittkeil

Der Fersentrittkeil wird mit verkürzten Reihen gearbeitet.

Die Hälfte der Fersenmaschen rechts stricken. Ausgangspunkt ist die Fersenmitte.

1. Reihe (Hinreihe): 2 Maschen nacheinander wie zum Rechtsstricken abheben und rechts zusammenstricken (Linksneigung), 1 Masche rechts, wenden.

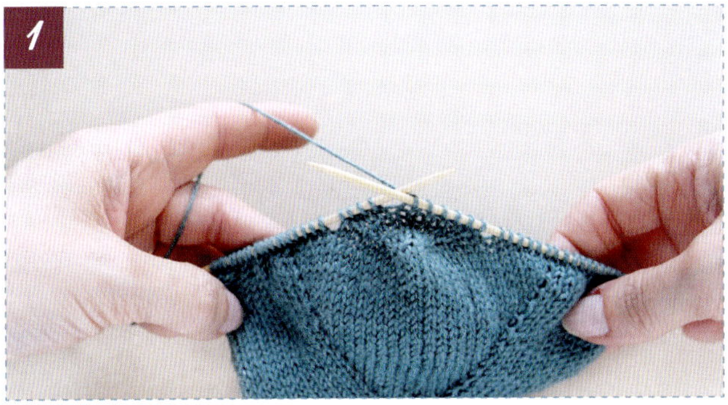

1

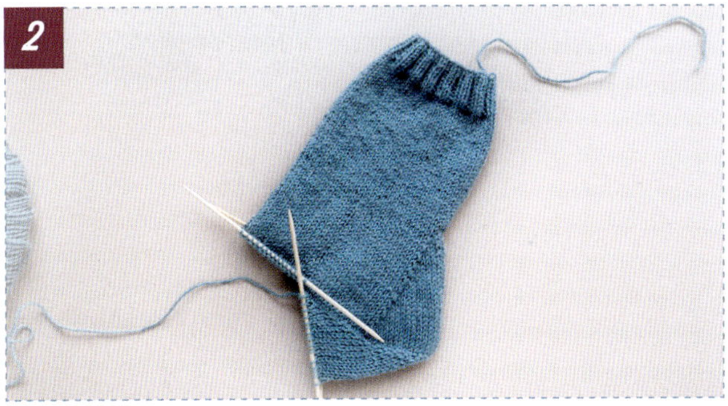

2

2. Reihe (Rückreihe): Die 1. Masche wie zum Linksstricken abheben, 1 Masche links, 2 Maschen links zusammenstricken, 1 Masche links, wenden.

3. Reihe (Hinreihe): Die 1. Masche wie zum Linksstricken abheben, 2 Maschen rechts, 2 Maschen nacheinander wie zum Rechtsstricken abheben und rechts zusammenstricken (Linksneigung), 1 Masche rechts, wenden.

4. Reihe (Rückreihe): Die 1. Masche wie zum Linksstricken abheben, 3 Maschen links, 2 Maschen links zusammenstricken, 1 Masche links, wenden.

Die 3. und 4. Reihe fortlaufend wiederholen, dabei jeweils die 1. Masche abheben und bis 1 Masche vor die entstandene Gasse stricken. Diese Masche mit der nächsten Masche zusammenstricken und eine weitere Masche stricken. ▸Bild 1 Der Keil wird in jeder Reihe um 1 Masche breiter, bis alle Fersenmaschen gearbeitet sind. Dann ist die ursprüngliche Maschenzahl wieder erreicht und der Fuß kann in Runden über alle Maschen gearbeitet werden. ▸Bild 2 und ▸Bild 3

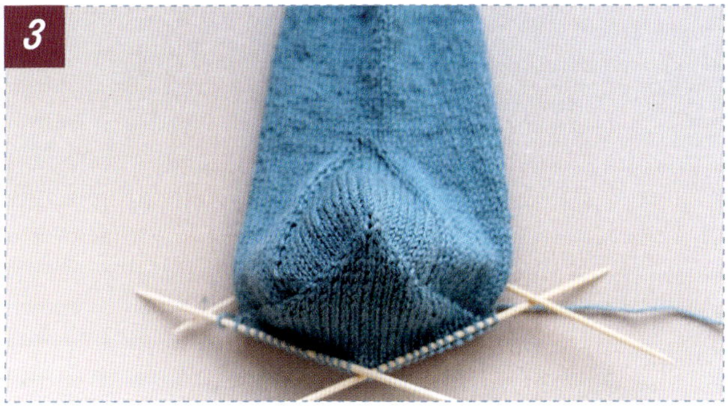

3

FUSS

Nach der Ferse geht es für den Fuß wieder in Runden weiter. Gedanklich teilt man die Socke in zwei Teile: den Oberfuß und die Sohle.

SPITZE

Die Spitze ist der Abschluss der Socke, auch hier gibt es verschiedene Möglichkeiten und Formen, die Socke zu beenden. Die Länge der Spitze kann variieren, aber auch die Form, die spitz, rund oder stumpf sein kann.

Alle Modelle in diesem Buch sind mit der Bandspitze gestrickt, da diese keinen Einfluss auf die Muster hat.

Bandspitze

1. Runde: Auf der 1. und 3. Nadel die zweit- und drittletzte Masche rechts zusammenstricken und auf der 2. und 4. Nadel die 2. Masche abheben, die nächste Masche rechts stricken und die abgehobene Masche darüberziehen.

2.–3. Runde: Alle Maschen rechts str.

4. Runde: Wie 1. Runde str.

5. Runde: Alle Maschen rechts str.

6. Runde: Wie 1. Runde str.

7. Runde: Alle Maschen rechts str.

8. Runde: Wie 1. Runde str.

Ab jetzt in jeder Runde die Abnahmen aus der 1. Runde wdh, bis auf jeder Nadel noch 2 Maschen übrig sind, also insgesamt 8 Maschen.

Den Faden abschneiden und mit einer Wollnadel 2x durch alle 8 Maschen führen, den Faden nach innen führen, fest zusammenziehen und den Faden im Inneren vernähen.

SOCKENTABELLEN

GRÖSSE	36/37	38/39	40/41	42/43	44/45
Maschenzahl gesamt	60	60	64	64	68
Maschenzahl/Nadel	15	15	16	16	17
Fersenmaschen	30	30	32	32	34
Maschenaufnahmen aus Fersenwand	15	15	16	16	17
Fußlänge gesamt/cm	24,5	25,5	27	28,5	29,5

KÄPPCHENFERSE					
Fersenhöhe in Reihen	30	30	32	32	34
Maschenzahl Käppchen	10/10/10	10/10/10	10/12/10	10/12/10	11/12/11
Maschenaufnahmen aus Fersenwand	15	15	16	16	17

BUMERANGFERSE					
Ferseneinteilung	10/10/10	10/10/10	10/12/10	10/12/10	11/12/11

LÄNGE BANDSPITZE/CM	5	5	5,5	5,5	6
Fußlänge bis zur Spitze/cm	19,5	20,5	21,5	23	23,5
Abnahmeschema					
in jeder 4. Runde	1x	1x	1x	1x	1x
in jeder 3. Runde	2x	2x	2x	2x	2x
in jeder 2. Runde	3x	3x	3x	3x	4x
in jeder Runde	6x	6x	7x	7x	7x

HINWEIS Die richtige Sockengröße
Jeder Fuß ist anders. Die Sockentabelle bietet eine guten Richtwert für die Anzahl der Maschen oder auch die gestrickten Längen. Trotzdem kann es sein, dass du für deine individuelle Größe Anpassungen vornehmen musst. Probiere die Socke während des Strickens immer mal wieder an, um Weite und Länge zu kontrollieren.

Toe-up stricken

Man kann Socken nicht nur vom Bündchen bis zur Spitze stricken, sondern auch Toe-up, also von den Zehen über die Ferse bis zum Bündchen.

ANSCHLAG

Stumpfe Bandspitze mit Toe-up-Kreuzanschlag

Benötigte Maschenanzahl für die stumpfe Bandspitze:

Größe 36-39: 8 Maschen

Größe 40-45: 10 Maschen

Gesamtmaschenanzahl (M-Zahl ges/Nd):

Größe 36-39: 60/15 Maschen

Größe 40-43: 64/16 Maschen

Größe 44-45: 68/17 Maschen

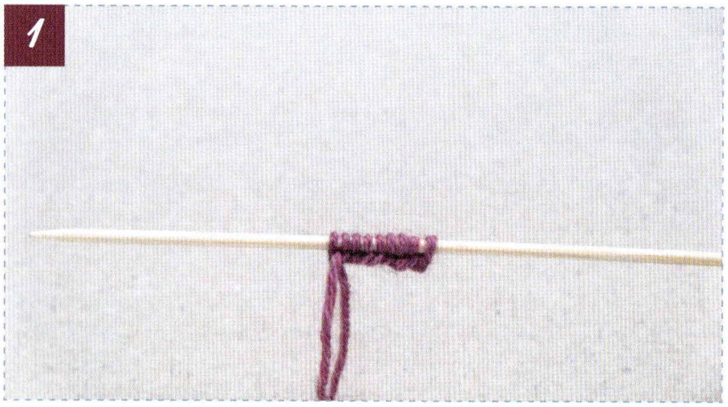

1

Für den Kreuzanschlag den Arbeitsfaden, anders als üblich, über den Daumen legen und das kurze Fadenende über den Zeigefinger. Mit dieser Fadenhaltung eine Masche mehr als die benötigte Maschenanzahl für die stumpfe Bandspitze anschlagen.

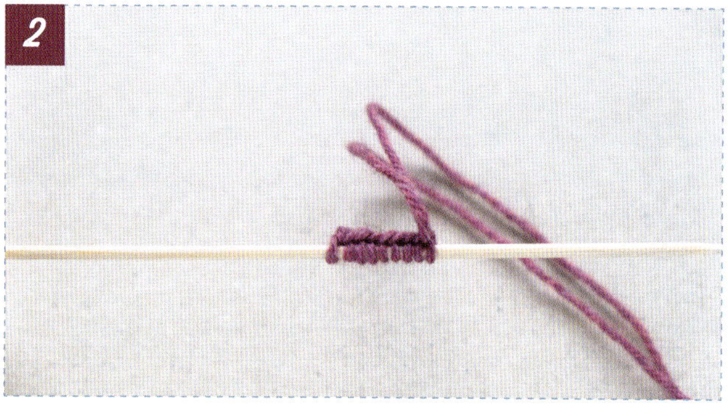

2

Die Arbeit nicht wenden, sondern um 180 ° drehen. Die Anschlagskante zeigt nach oben.

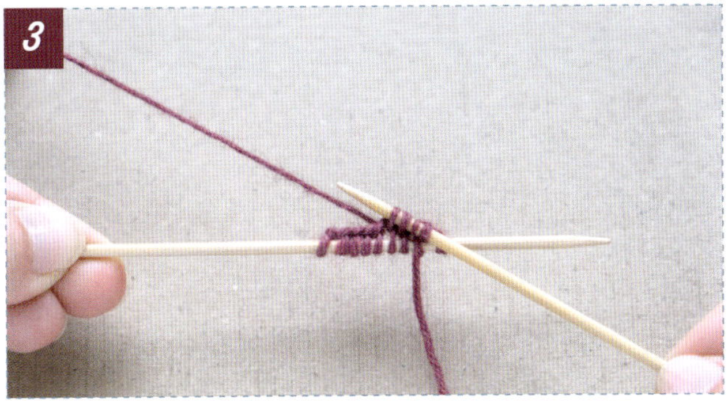

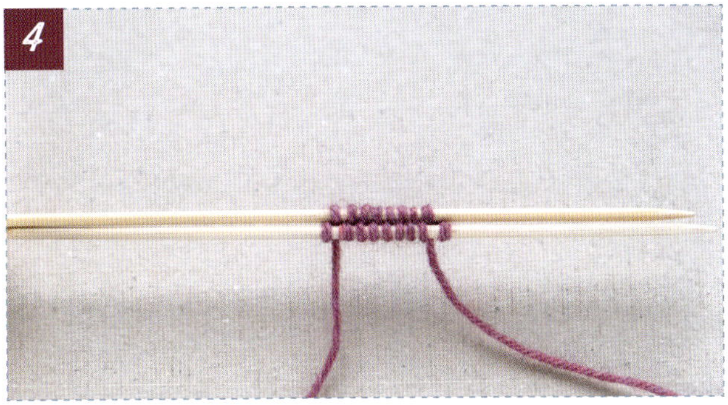

Mit der 2. Nadel zwischen den Maschen jeweils eine Masche herausstricken, bis sich auf dieser Nadel die benötigte Maschenanzahl für die stumpfe Bandspitze befindet.

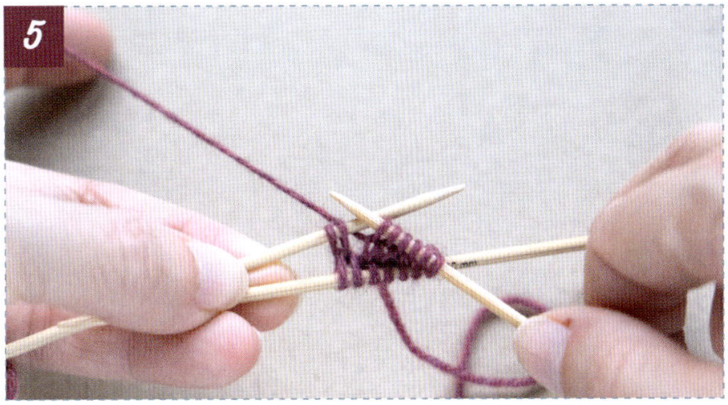

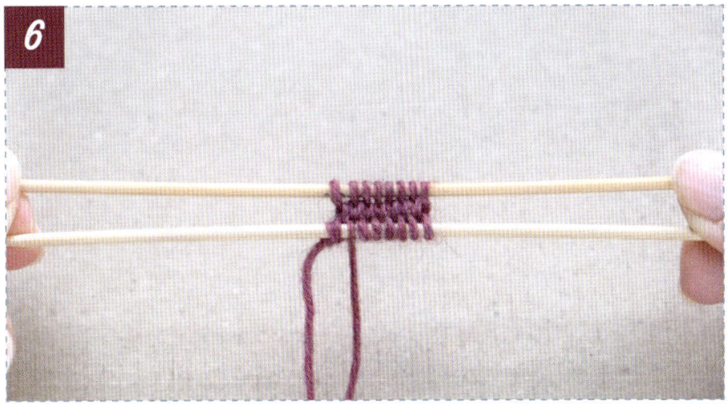

Die Arbeit um 180 ° drehen. Alle Maschen, außer der letzten, rechts stricken. Die letzte Masche von der linken Nadel gleiten lassen und das Fadenende anziehen. Den Rundenbeginn für die Zunahmen markieren.

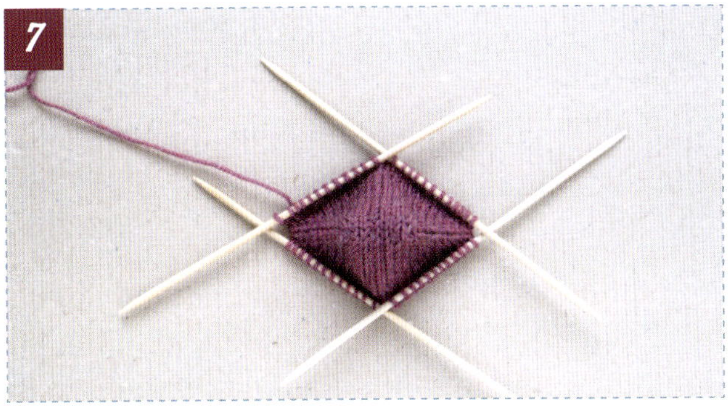

Die Arbeit um 180 ° drehen. Die Maschen gleichmäßig auf 4 Spielnadeln verteilen. Die Reihenfolge der Nadeln nach dem Maschenmarkierer ist 4. Nadel, 1. Nadel, 2. Nadel und 3. Nadel.

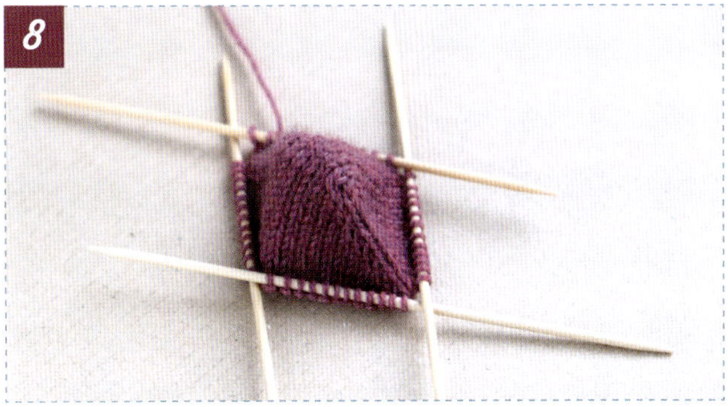

Glatt rechts in Runden stricken, dabei in jeder 2. Runde wie folgt zunehmen: Auf der 1. und 3. Nadel vor der letzten Masche eine Masche linksgeneigt rechts aus dem Querfaden zunehmen, auf der 2. und 4. Nadel nach der 1. Masche 1 Masche rechtsgeneigt rechts aus dem Querfaden zunehmen. So fortfahren, bis die benötigte Gesamtmaschenzahl erreicht ist.

FERSE

Als Toe-up-Ferse eignen sich alle Schrägnahtfersen wie die Bumerangferse, da hier die Ober- und die Unterseite identisch sind.

BÜNDCHEN

Bei Toe-up-Socken wird am Ende des Bündchens abgekettet. Hier ist es also besonders wichtig, locker abzuketten. Einen besonders schönen und elastischen Abschluss bildet das italienische Abketten oder Abnähen.

Italienisch abketten

Es werden zunächst zwei Runden wie folgt gestrickt: In der ersten Runde rechte Maschen rechts stricken und linke Maschen wie zum Linksstricken mit dem Faden vor der Arbeit abheben. In der zweiten Runde linke Maschen links stricken und rechte Maschen wie zum Rechtsstricken mit dem Faden hinter der Arbeit abheben. Anschließend werden die Maschen abgenäht.

Zum Abnähen führst du die Nadel zunächst von rechts nach links durch die Randmasche und ziehst den Faden stramm. Folgt noch eine rechte Masche, ziehe den Faden auch noch von rechts nach links durch diese Masche. Nun beginnt das paarweise Abnähen je einer linken und einer rechten Masche. Arbeite dabei die Schritte 1–3 besonders sorgfältig:

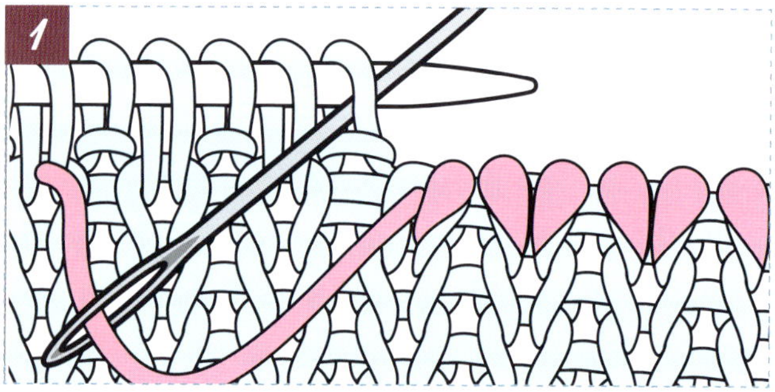

Ziehe den in eine Wollnadel eingefädelten Faden von links nach rechts durch die linke Masche.

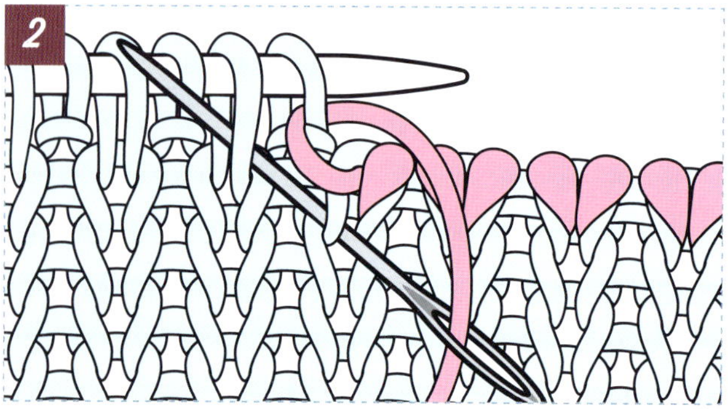

Ziehe den Faden von rechts nach links erst durch die vorherige rechte Masche und dann durch die zweite Masche auf der Nadel (ebenfalls eine rechte Masche).

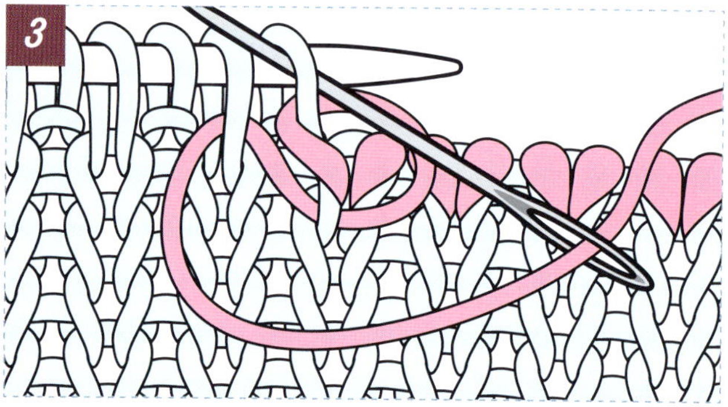

Ziehe den Faden von rechts nach links noch einmal durch die erste linke Masche. Lass dann die beiden bearbeiteten Maschen von der linken Nadel gleiten.

Roosimine

Die Roosimine-Technik ist eine estnische Intarsien-Technik. Das Besondere an dieser Technik ist, dass die Fäden in kontrastierenden Farben nicht gestrickt, sondern als Spannfäden vor die Arbeit gelegt werden. Die Spannfäden bilden auf der Vorderseite des Strickstücks über den gestrickten Maschen in der Hauptfarbe Muster. Die so gearbeiteten Verzierungen erzeugen einen Effekt von Stickerei.

Wörtlich übersetzt bedeutet Roosimine „mit Rosen dekorieren". In Estland wird die Roosimine-Technik traditionell vor allem auf Handschuhen und Strümpfen angewendet. Die Art zu stricken nennt sich „Roosimine", das fertige Strickstück wird als „Roositud" bezeichnet.

Die Roosimine-Technik kann eigentlich auf jedes Projekt, das in Runden gestrickt wird, angewendet werden. Zwar muss auch hier auf eine gleichmäßige Fadenspannung geachtet werden, jedoch ist die Roosimine-Technik für Anfänger*innen häufig leichter zu stricken als andere Techniken, bei denen mehrfarbig gestrickt wird, wie Jacquard oder Intarsien.

So strickt man Muster in der Roosimine-Technik:

Der Faden für das Muster wird entweder ein- oder doppelfädig genommen.

1. Runde

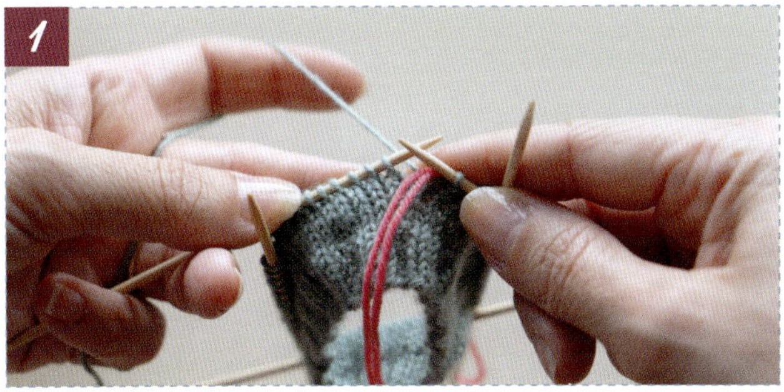

Lege den Faden für das Muster mit dem langen Ende zwischen den Nadeln hindurch vor die Arbeit.

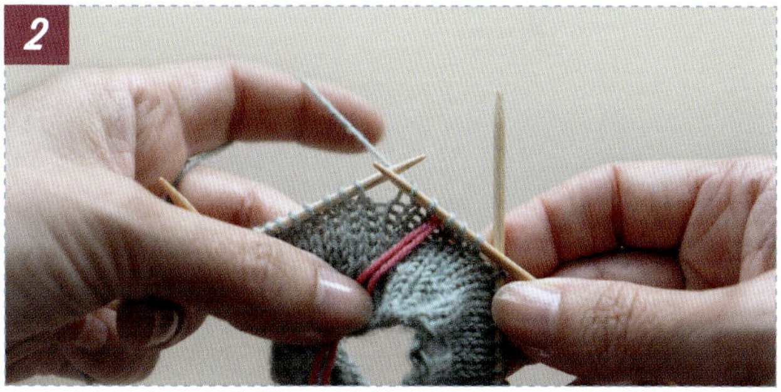

Stricke nun die Anzahl an Maschen, über die das Muster gehen soll (hier sind es 2 Maschen). Achte dabei darauf, dass du deinen Arbeitsfaden immer über den Musterfaden legst.

weiter auf der nächsten Seite

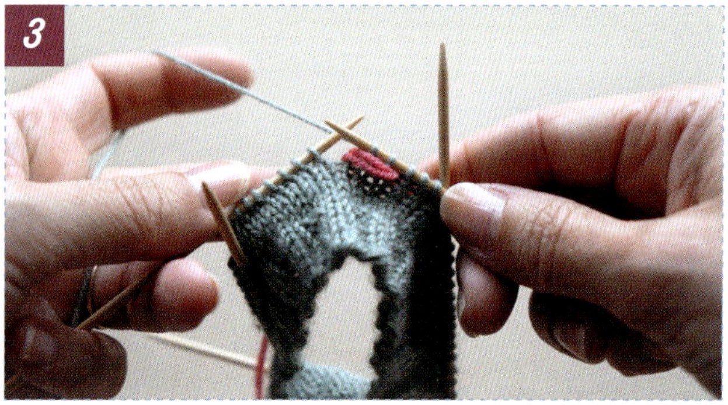

Lege den Faden zwischen deinen Nadeln hindurch wieder nach hinten und stricke die Maschen zwischen dem Muster.

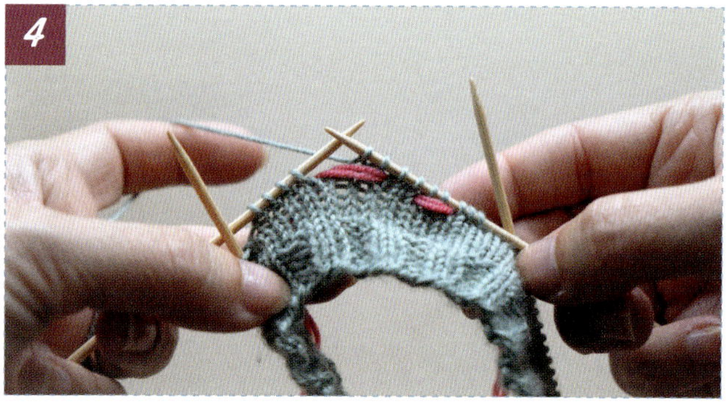

Wiederhole den 1.–3. Schritt für das weitere Muster.

Wenn dein Muster über die ganze Runde läuft, wiederholst du Runde für Runde fortlaufend den 1.–3. Schritt. Achte dabei auf eine gleichmäßige, nicht zu feste Fadenspannung.

Wenn dein Muster nur an einer Stelle der Runde gearbeitet wird, strickst du jede zweite Runde anders, um zu lange Spannfäden im Inneren zu vermeiden.

2. Runde

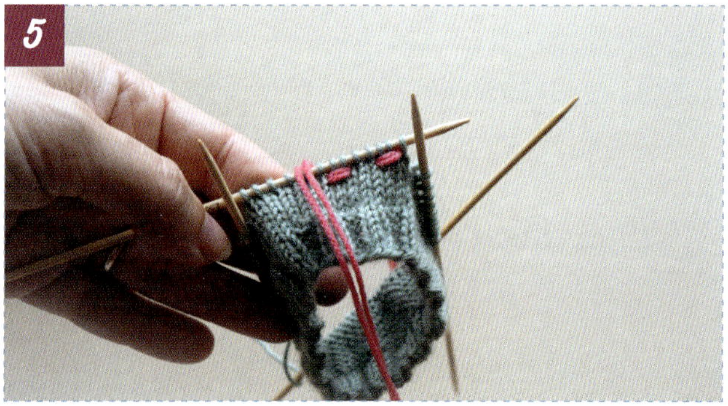

Schritt 1: Du strickst bis zu der Stelle, an der dein Muster beginnt. Lege den Faden über die linke Nadel nach vorne …

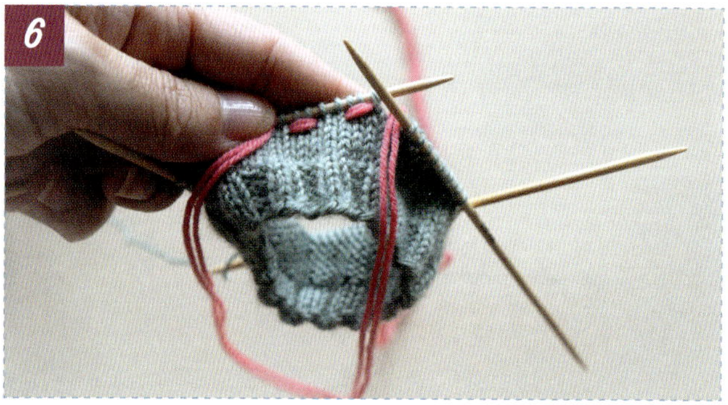

… und zwischen den Nadeln wieder nach hinten, sodass vorne eine große Schlaufe entsteht.

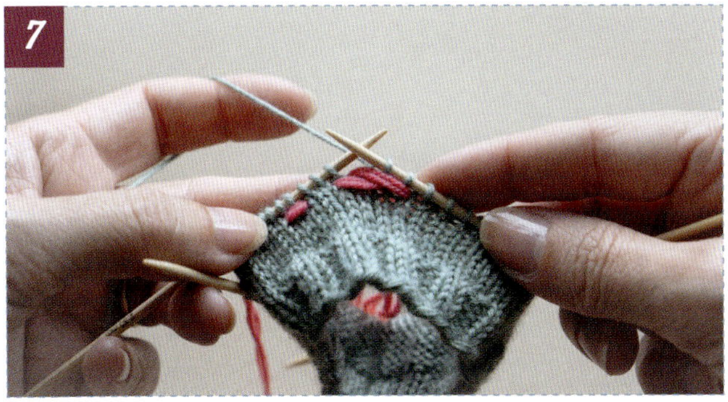

Stricke die Anzahl an Maschen, über die das Muster gehen soll, und lege danach die ganze Schlaufe wieder zurück über und zwischen den Nadeln auf die Rückseite deiner Arbeit.

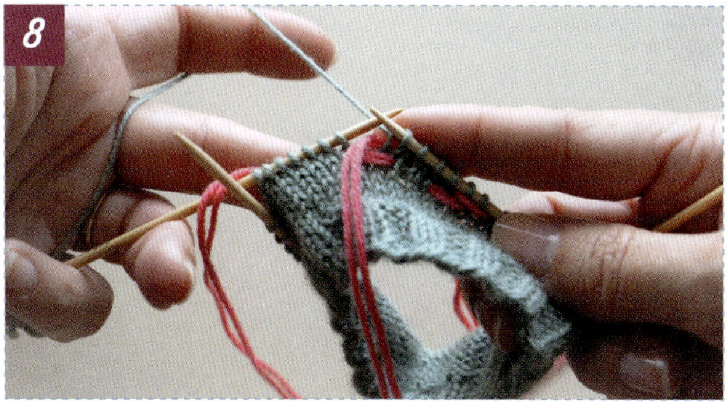

Stricke die Maschen zwischen dem Muster. Für die nächste Stelle des Musters holst du die gesamte Schlaufe wieder über und zwischen den Nadeln nach vorne und strickst das Muster so weiter.

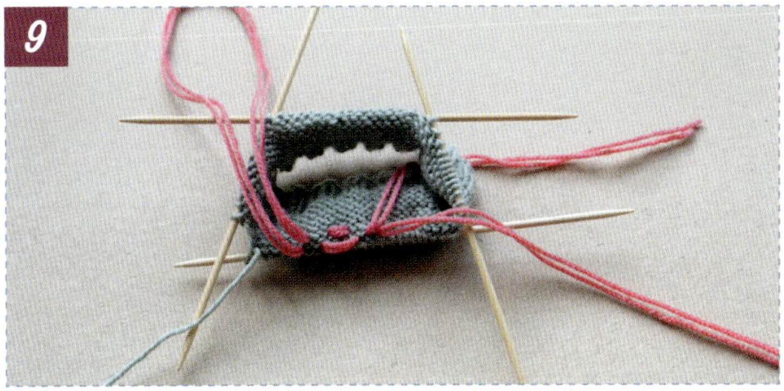

Wenn du das Muster beendet hast, strickst du noch ein paar Maschen in deiner Hauptfarbe weiter und legst dann das Strickstück so vor dich, dass du die Rückseite sehen kannst.

weiter auf der nächsten Seite

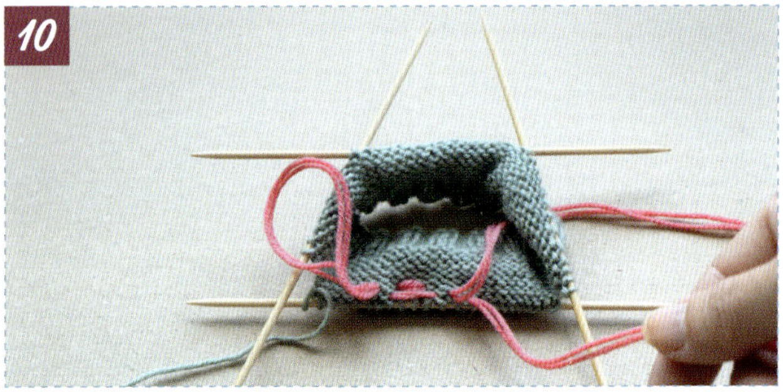

Um die Schlaufe verschwinden zu lassen, ziehst du vorsichtig an dem langen Ende des Musterfadens.

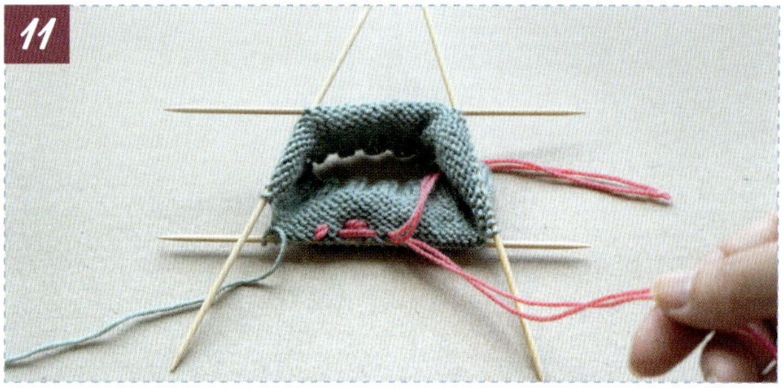

Für die nächste Runde liegt der Faden nun wieder auf der rechten Seite. Arbeite mit dem Musterfaden abwechselnd wie in der 1. und 2. Runde, um unnötige Spannfäden zu vermeiden.

Tipp

Achte auf eine gleichmäßige Fadenspannung. Strickst du zu fest, zieht sich das Muster zusammen, strickst du zu locker, können Lücken entstehen.

Tipp

Gerade beim mehrfarbigen Stricken hat das Waschen noch mal einen großen Effekt auf das Maschenbild. Solltest du noch nicht ganz zufrieden mit deiner Arbeit sein, gönne deinem Strickstück ein Entspannungsbad und lasse es anschließend liegend trocknen.

BESONDERHEITEN BEIM LESEN VON ZÄHLMUSTER/STRICKSCHRIFT BEI ROOSIMINE

Zählmuster und Strickschriften werden von unten nach oben und von rechts nach links gelesen. Ein Kästchen entspricht dabei einer Masche (siehe Seite 35). Das Besondere bei der Roosimine-Technik ist, dass der Faden über mehrere Maschen gelegt wird. Ein Balken in der Strickschrift bedeutet also, dass der Musterfaden über genau diese Anzahl von Maschen gelegt wird.

ABKÜRZUNGEN

abh = abheben
abk = abketten
abn = abnehmen
anschl = anschlagen
Fb = Farbe
LL = Lauflänge
M = Masche(n)
MM = Maschenmarkierer
Nd = Nadel(n)
Qf = Querfaden
R = Reihe(n)
Rd = Runde(n)
str = stricken
U = Umschlag
verschr = verschränkt(e)
wdh = wiederholen
zun = zunehmen
zusstr = zusammenstricken

SCHWIERIGKEITSGRAD

■ Einfach

■■ Benötigt etwas Übung

■■■ Fortgeschritten

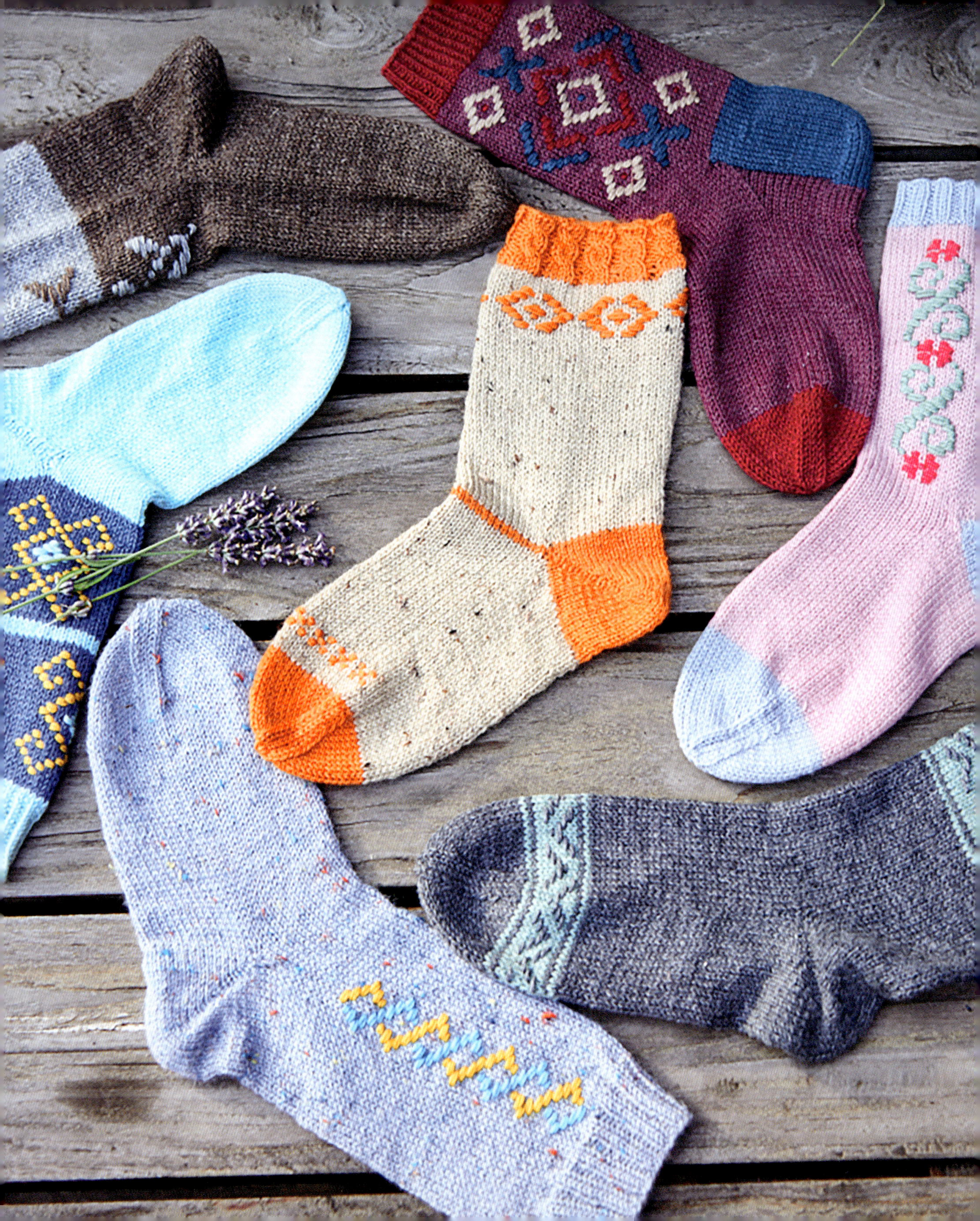

Projekte

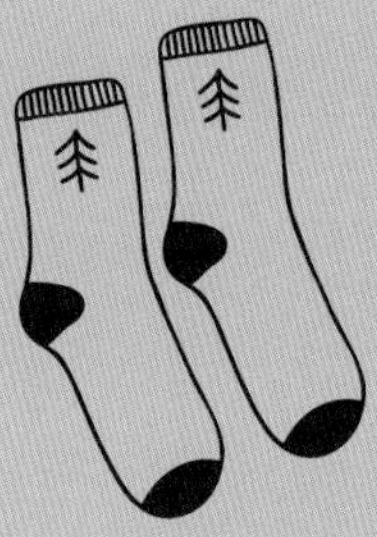

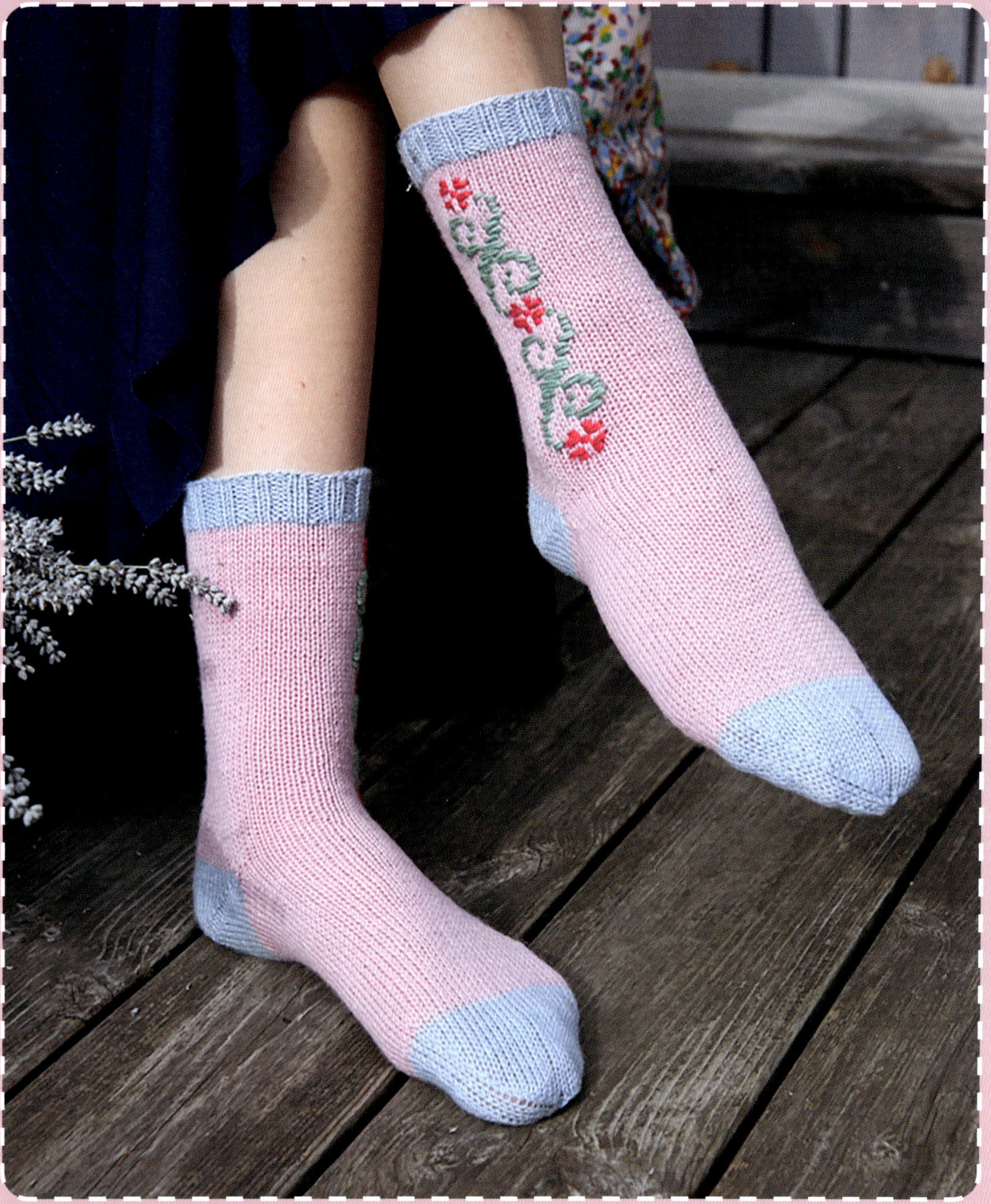

Inna

GRÖSSEN

36/37 (38/39, 40/41, 42/43, 44/45)

MATERIAL

Lana Grossa Meilenweit 100 Merino Extrafine Uni (75 % Schurwolle Merino, 25 % Polyamid, LL 420 m/100 g) in

- Graublau (Fb 2420), 100 g
- Flieder (Fb 2435), 100 g
- Pink (Fb 2423), 100 g
- Resedagrün (Fb 29), 100 g

2,5–3,0 mm Nadelspiel (oder bevorzugte Nadelart, siehe Seite 10)

Maschenmarkierer

Wollnadel

Schere

MASCHENPROBE

Glatt rechts mit Nd 2,5–3,0 mm

28 M und 40 R = 10 x 10 cm

GRUNDMUSTER

GLATT RECHTS

In Hin-R rechte M, in Rück-R linke M str.
In Rd alle M rechts str.

BÜNDCHENMUSTER

2/2-Rippe: *2 M rechts, 2 M links*, von * bis * stets wdh.

STRICKWEISE

Die Socke wird von oben nach unten mit einer Bumerangferse und einer Bandspitze gestrickt, dabei wird das Muster doppelfädig am Schaft eingearbeitet.

ANLEITUNG

BÜNDCHEN

60 (60/64/64/68) M in Graublau anschl, gleichmäßig auf 4 Nd verteilen [= 15 (15/16/16/17) M pro Nd] und zur Rd schließen.

10 Rd im Bündchenmuster str (= 2,5 cm).

SCHAFT

Zu Flieder wechseln und 3 Rd glatt rechts str.

LINKE SOCKE

In der 4. Rd 33 (33/36/36/38) M rechts str, MM setzen, 9 M rechts str, MM setzen, 18 (18/19/19/21) M rechts str.

RECHTE SOCKE

In der 4. Rd 18 (18/19/19/21) M rechts str, MM setzen, 9 M rechts str, MM setzen, 33 (33/36/36/38) M rechts str.

49 Rd glatt rechts stricken, dabei das Muster über die 9 M zwischen den MM doppelfädig in Pink und Resedagrün einarbeiten.

5 Rd glatt rechts str und die MM entfernen.

FERSE

Die Bumerangferse glatt rechts in Graublau über die 30 (30/32/32/34) M der 4. und 1. Nd nach der Grundanleitung (siehe Seite 36) str, bei den Zwischenrunden die 30 (30/32/32/34) M auf der 2. und 3. Nd in Flieder str.

Tipp

Wenn du keine Lust auf die vielen Farbwechsel und das Fädenvernähen hast, kannst du hier auch einfach eine Käppchenferse nach der Grundanleitung in Graublau stricken (siehe Seite 37).

FUSS

Für den Fuß wieder zu Flieder wechseln und glatt rechts in Rd str.

SPITZE

Nach 16 (17,5/19/20,5/22) cm (gemessen ab Fersenmitte) zu Graublau wechseln und mit den Abnahmen für die Bandspitze (siehe Seite 40) beginnen.

FERTIGSTELLEN

Alle Fäden vernähen.

ZÄHLMUSTER

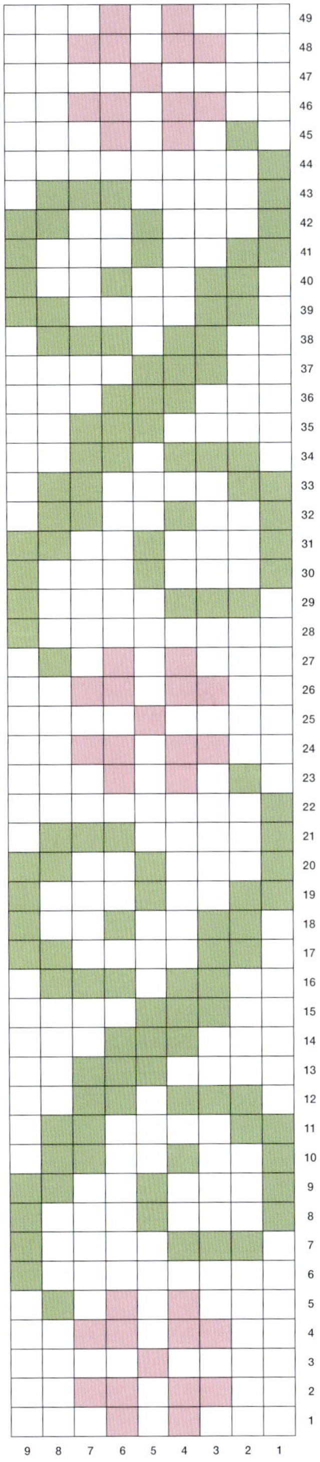

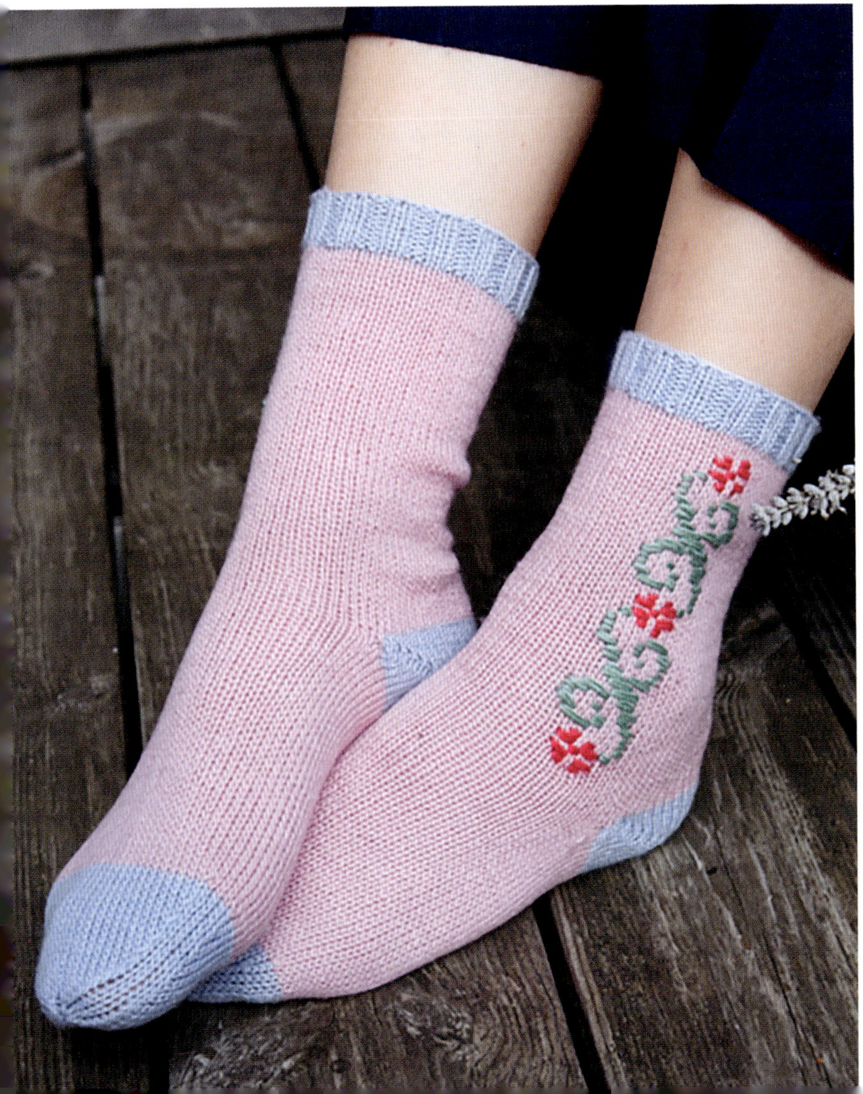

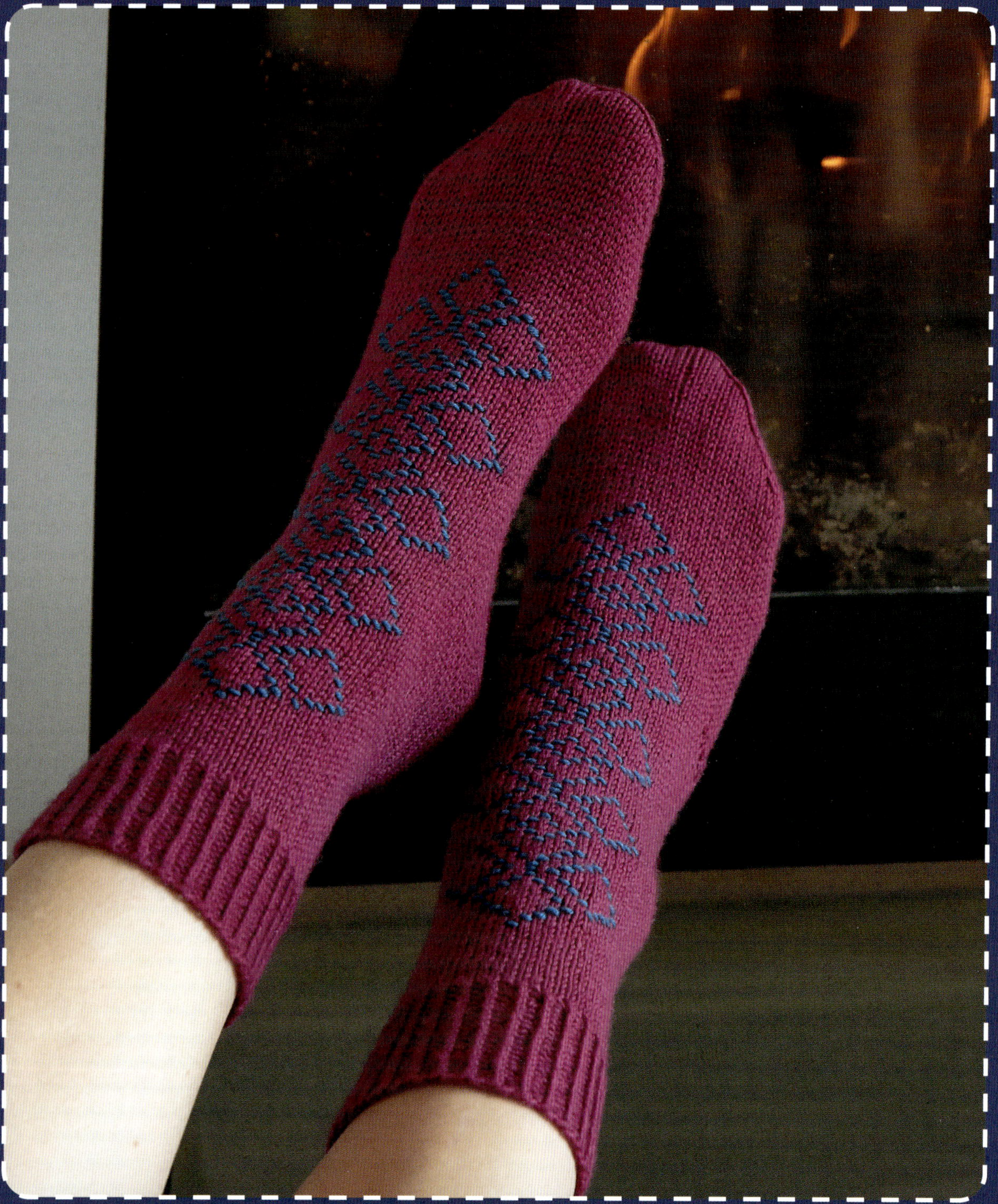

Veli

GRÖSSEN

36/37 (38/39, 40/41, 42/43, 44/45)

MATERIAL

Lana Grossa Meilenweit 50 Cashmere (70 % Wolle, 25 % Polyamid, 5 % Kaschmir, LL 210 m/50 g) in

- Fuchsia (Fb 52), 100 g

Lana Grossa Meilenweit 100 Uni (80 % Schurwolle, 20 % Polyamid, LL 420 m/100 g) in

- Petrol (Fb 1371), 100 g

2,5–3,0 mm Nadelspiel (oder bevorzugte Nadelart, siehe Seite 10)

Maschenmarkierer

Wollnadel

Schere

MASCHENPROBE

Glatt rechts mit Nd 2,5–3,0 mm

30 M und 40 R = 10 x 10 cm

GRUNDMUSTER

GLATT RECHTS

In Hin-R rechte M, in Rück-R linke M str.
In Rd alle M rechts str.

BÜNDCHENMUSTER

1/1-Rippe mit verschr rechten M: *1 M rechts verschr, 1 M links*, von * bis * stets wdh.

STRICKWEISE

Die Socke wird von oben nach unten mit einem Bündchen mit verschränkten rechten Maschen, einer Zunahmeferse und einer Bandspitze gestrickt, dabei wird über die Vorderseite das Muster eingearbeitet.

ANLEITUNG

BÜNDCHEN

60 (60/64/64/68) M in Fuchsia anschl, gleichmäßig auf 4 Nd verteilen [= 15 (15/16/16/17) M pro Nd] und zur Rd schließen.

20 Rd im Bündchenmuster str (= 5 cm).

SCHAFT

9 Rd glatt rechts str.

In der 10. Rd 20 (20/22/22/24) M rechts str, MM setzen, 21 M rechts str, MM setzen, 19 (19/21/21/23) M rechts str.

75 Rd glatt rechts str und das Muster einfädig über die 21 M zwischen den MM in Petrol nach den Musterreihen wie unten angegeben einarbeiten.

Nach ca. 14,5 cm (ab Anschlagskante) mit der Zunahmeferse über die 30 (30/32/32/34) M der 4. und 1. Nd nach der Grundanleitung (siehe Seite 38) beginnen, das Muster auf der Vorderseite weiterarbeiten.

GRÖSSE 36/37, 38/39, 40/41, 42/43

1.–25. Rd: Die 1.–25. R des Zählmusters A str.

26.–67. Rd: 3 x die 12.–25. R des Zählmusters A str.

68.–75. Rd: Die 1.–8. R des Zählmusters B str.

GRÖSSE 44/45

1.–25. Rd: Die 1.–25. R des Zählmusters A str.

26.–81. Rd: 4 x die 12.–25. R des Zählmusters A str.

82.–89. Rd: Die 1.–8. R des Zählmusters B str.

FUSS

Glatt rechts str und die 75 Rd des Musters beenden. Anschließend glatt rechts weiterstr.

SPITZE

Nach 16 (17,5/19/20,5/22) cm (gemessen ab Fersenmitte) mit der Bandspitze (siehe Seite 40) beginnen.

FERTIGSTELLEN

Alle Fäden vernähen.

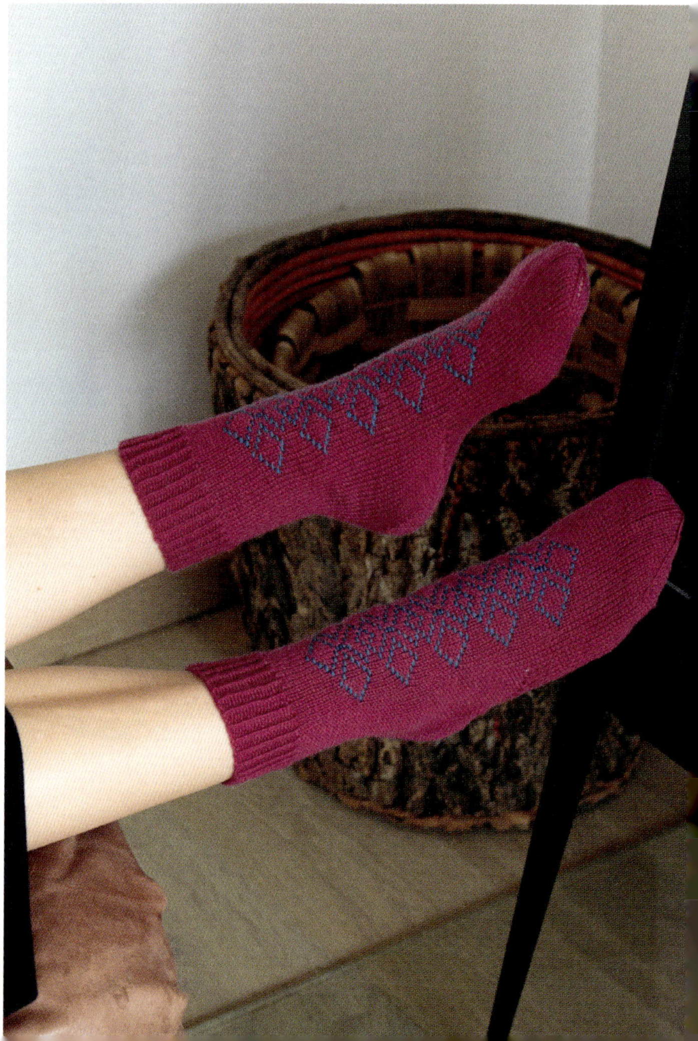

ZÄHLMUSTER A

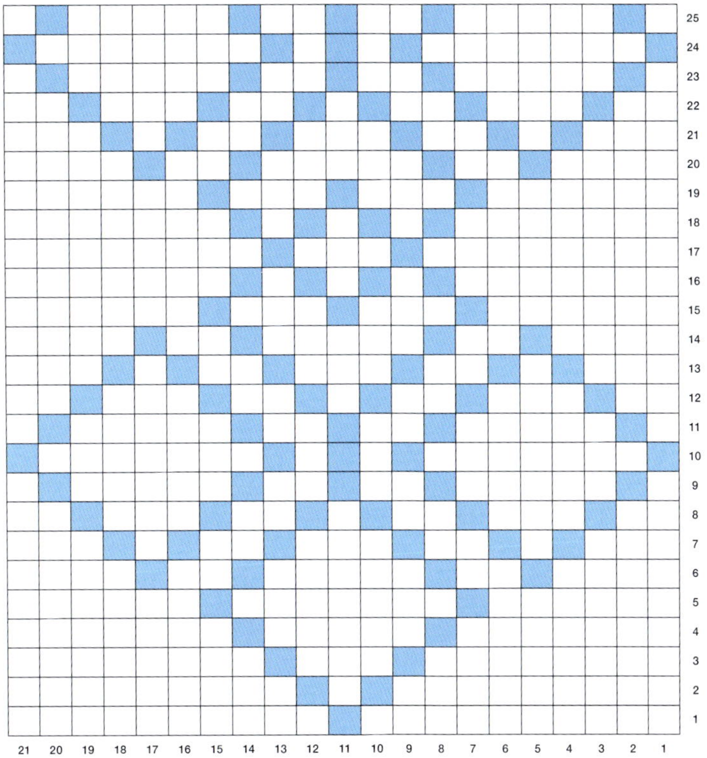

ZÄHLMUSTER B

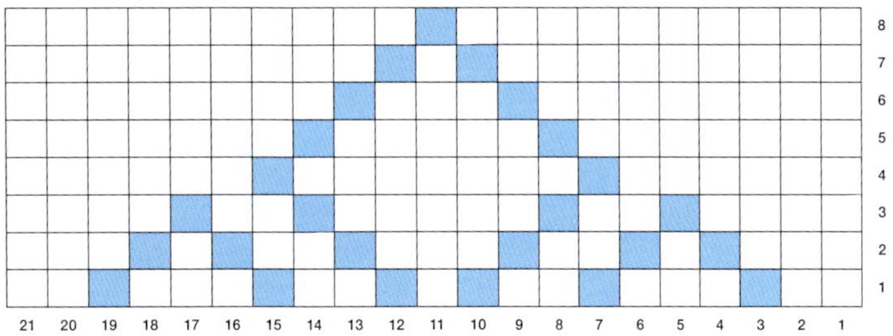

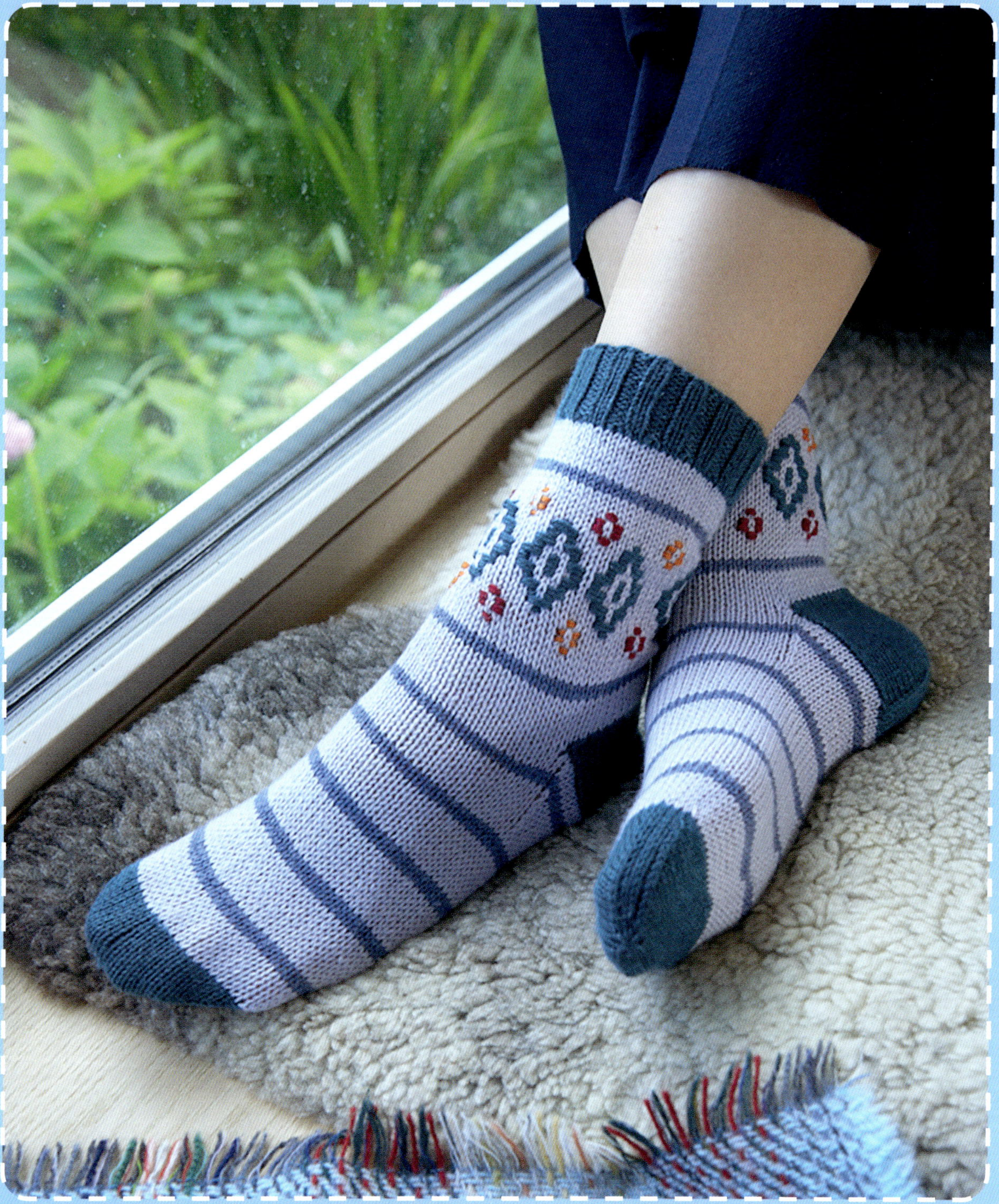

Matis

GRÖSSEN

36/37 (38/39, 40/41, 42/43, 44/45)

MATERIAL

Lana Grossa Meilenweit 100 Merino Extrafine Uni (75 % Schurwolle Merino, 25 % Polyamid, LL 420 m/100 g) in

- Blaugrün (Fb 2410), 100 g
- Zartlila (Fb 2421), 100 g

Lana Grossa Cool Wool 4 Socks Uni (75 % Schurwolle Merino, 25 % Polyamid, LL 420 m/100 g) in

- Jeansblau (Fb 7704), 100 g
- Bordeaux (Fb 7716), 100 g

Lana Grossa Meilenweit 100 Uni (80 % Schurwolle, 20 % Polyamid, LL 420 m/100 g) in

- Orange (Fb 1384), 100 g

2,5–3,0 mm Nadelspiel (oder bevorzugte Nadelart, siehe Seite 10)

Maschenmarkierer

Wollnadel

Schere

MASCHENPROBE

Glatt rechts mit Nd 2,5–3,0 mm

28 M und 40 R = 10 x 10 cm

GRUNDMUSTER

GLATT RECHTS

In Hin-R rechte M, in Rück-R linke M str.
In Rd alle M rechts str.

BÜNDCHENMUSTER

2/2-Rippe: *2 M rechts, 2 M links*, von * bis * stets wdh.

STRICKWEISE

Die Socke wird von oben nach unten mit einer Käppchenferse und einer Bandspitze gestrickt. Das Muster wird um den Schaft gearbeitet und Streifen um den Fuß gestrickt.

ANLEITUNG

BÜNDCHEN

60 (60/64/64/68) M in Blaugrün anschl, gleichmäßig auf 4 Nd verteilen [= 15 (15/16/16/17) M pro Nd] und zur Rd schließen.

15 Rd im Bündchenmuster str (= ca. 3,5 cm).

SCHAFT

Zu Zartlila wechseln.

1.–7. Rd: Alle M rechts str.

Zu Jeansblau wechseln.

8.–9. Rd: Alle M rechts str.

Zu Zartlila wechseln.

10.–12. Rd: Alle M rechts str.

LINKE SOCKE

GRÖSSE 36/37, 38/39

Der Farbwechsel zwischen Rot und Gelb geht in diesen Größen nicht ganz auf, die Doppelung wird auf der Innenseite der Socken versteckt.

13.–31. Rd: 2 M rechts str, 2x die 10.–25. M des Zählmusters str [= 32 M], die 10.–16. M des Zählmusters str [= 7 M], die 9.–17. M des Zählmusters str [9 M], die 2.–9. M des Zählmusters str [= 8 M], 2 M rechts str [= insgesamt 60 M].

GRÖSSE 40/41, 42/43

13.–31. Rd: 4x die 10.–25. M des Zählmusters str.

GRÖSSE 44/45

13.–31. Rd: 2 M rechts str, 4x die 10.–25. M des Zählmusters str, 2 M rechts str.

RECHTE SOCKE

GRÖSSE 36/37, 38/39

Der Farbwechsel zwischen Rot und Gelb geht in diesen Größen nicht ganz auf, die Doppelung wird auf der Innenseite der Socken versteckt.

13.–31. Rd: 2 M rechts str, die 2.–17. M des Zählmusters str [= 16 M], die 2.–9. M des Zählmusters str [= 8 M], 2x die 10.–25. M des Zählmusters str [= 32 M], 2 M rechts str [= insgesamt 60 M].

GRÖSSE 40/41, 42/43

13.–31. Rd: 4x die 10.–25. M des Zählmusters str.

GRÖSSE 44/45

13.–31. Rd: 2 M rechts str, 4x die 10.–25. M des Zählmusters str, 2 M rechts str.

32.–34. Rd: Alle M rechts str.

Zu Jeansblau wechseln.

35.–36. Rd: Alle M rechts str.

Zu Zartlila wechseln.

37.–42. Rd: Alle M rechts str.

43. Rd: Alle M der 1., 2. und 3. Nadel rechts str.
Zu Blaugrün wechseln und M der 4. Nadel rechts str.

FERSE UND FUSS

Die Käppchenferse glatt rechts über die 30 (30/32/32/34) M der 4. und 1. Nd nach der Grundanleitung (siehe Seite 37) str. Mit Blaugrün anfangen.

M-Aufnahme und Zwickel in Zartlila arbeiten, bis insgesamt mit den Rd des Schafts 10 Rd in Zartlila gestrickt sind.

Danach immer im Wechsel 2 Rd in Jeansblau und 7 Rd in Zartlila str.

SPITZE

Nach 16 (17,5/20,5/20,5/22) cm (gemessen ab Fersenmitte) zu Blaugrün wechseln und mit den Abnahmen für die Bandspitze (siehe Seite 40) beginnen.

FERTIGSTELLEN

Alle Fäden vernähen.

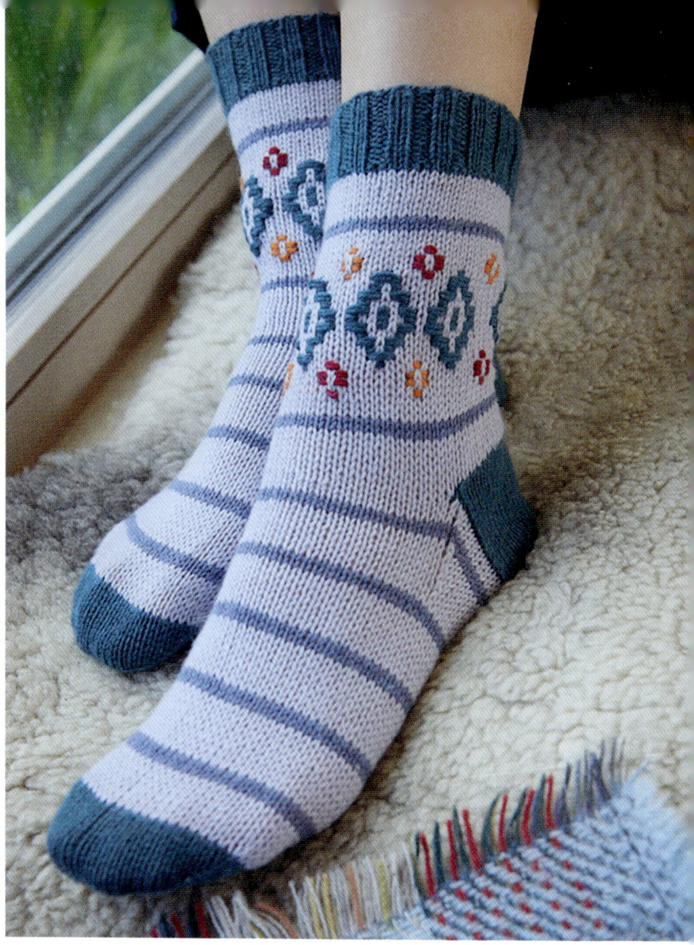

ZÄHLMUSTER

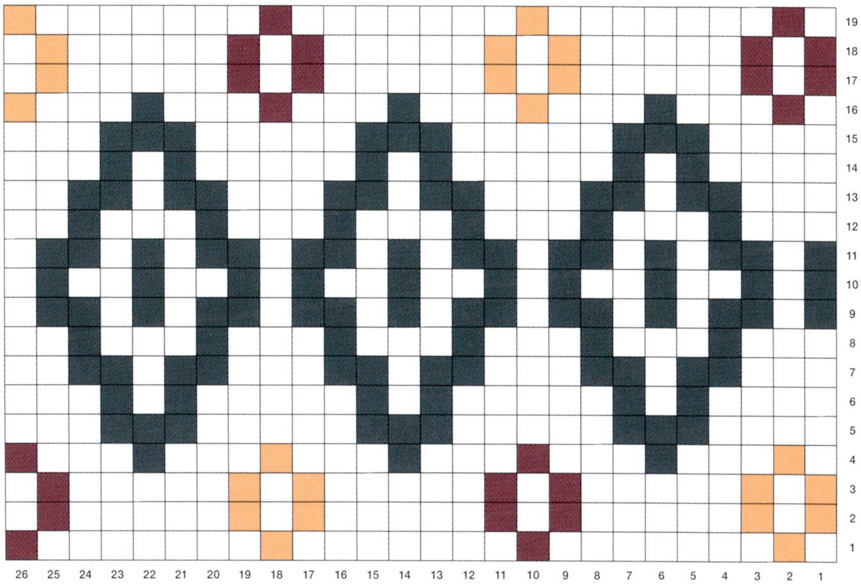

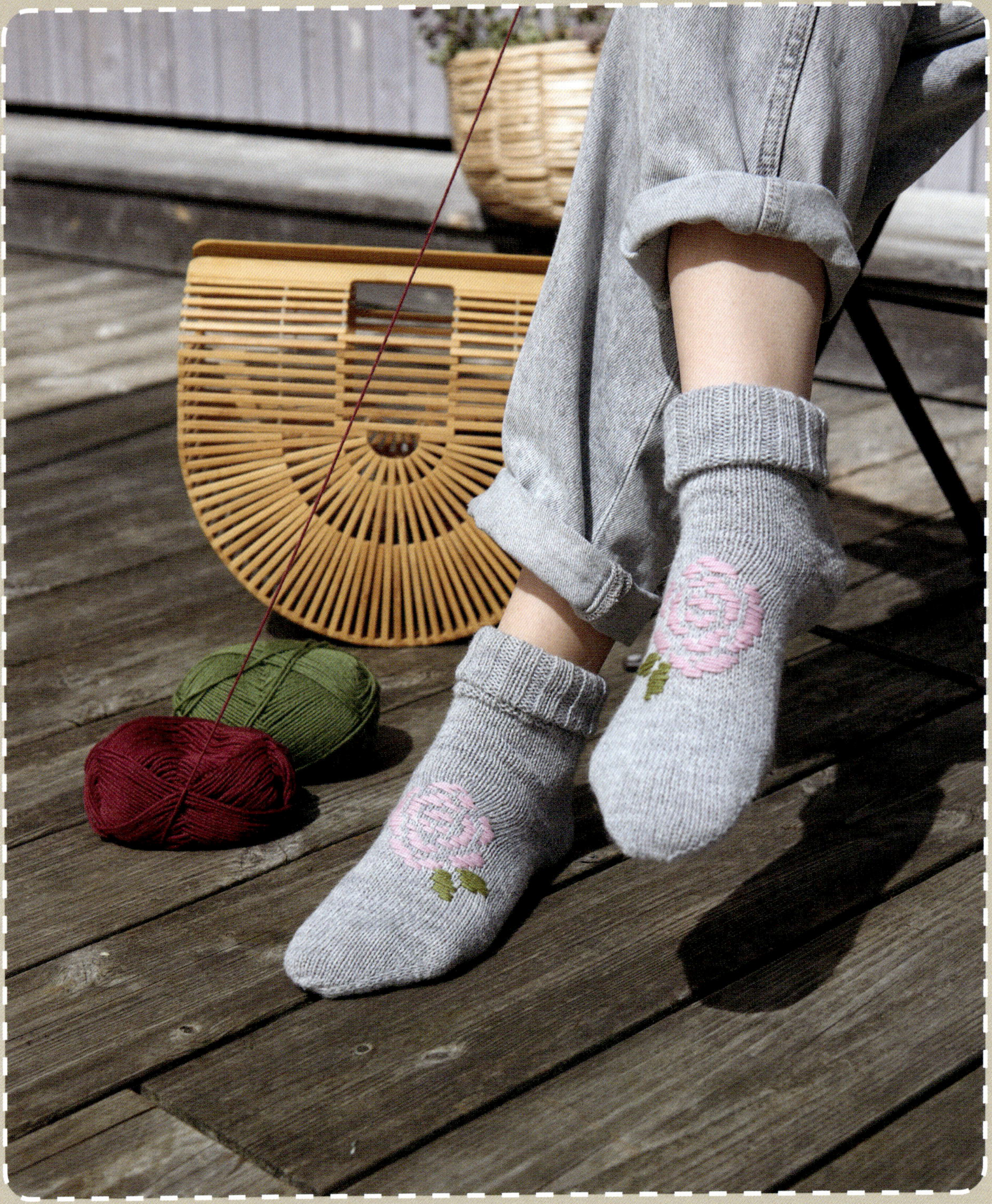

Pinja

GRÖSSEN

36/37 (38/39, 40/41, 42/43, 44/45)

MATERIAL

Lana Grossa Cool Wool 4 Socks Uni (75 % Schurwolle, 25 % Polyamid, LL 420 m/100 g) in

- Hellgrau (Fb 7709), 100 g

Lana Grossa Meilenweit 100 Merino Extrafine Uni (75 % Schurwolle Merino, 25 % Polyamid, LL 420 m/100 g) in

- Flieder (Fb 2435), 100 g

Lana Grossa Meilenweit 100 Uni (80 % Schurwolle, 20 % Polyamid, LL 420 m/100 g) in

- Oliv (Fb 1369), 100 g

2,5–3,0 mm Nadelspiel (oder bevorzugte Nadelart, siehe Seite 10)

Maschenmarkierer

Wollnadel

Schere

MASCHENPROBE

Glatt rechts mit Nd 2,5–3,0 mm

28 M und 40 R = 10 x 10 cm

GRUNDMUSTER

GLATT RECHTS

In Hin-R rechte M, in Rück-R linke M str.
In Rd alle M rechts str.

BÜNDCHENMUSTER

2/3-Rippe: *2 M rechts, 3 M links*, von * bis * stets wdh.

STRICKWEISE

Die Socke wird Toe-up, von unten nach oben, mit einer Bumerangferse gestrickt. Das Muster wird auf dem Spann doppelfädig eingearbeitet. Zum Schluss wird ein langes Bündchen im Rippenmuster zum Umschlagen gestrickt.

ANLEITUNG

SPITZE

Für die Bandspitze einen Toe-up-Kreuzanschlag (siehe Seite 42) in Hellgrau mit 8 M arbeiten.

Die Zunahmen arbeiten, bis insgesamt 60 (60/64/64/68) M auf den Nd liegen [= 15 (15/16/16/17) M pro Nd].

FUSS

Alle M glatt rechts in Rd stricken, nach ca. 8 (8,5/9,5/10/11) cm (gemessen ab der Spitze) in der nächsten Rd 18 (18/20/20/22) M rechts str, MM setzen, 23 M rechts str, MM setzen, 19 (19/21/21/23) M rechts str.

In den nächsten 25 Rd das Muster (Zählmuster A für den linken Fuß/Zählmuster B für den rechten Fuß) doppelfädig in Flieder und Oliv über die 23 M zwischen den MM arbeiten.

Nach der 25. Rd des Musters die MM entfernen und alle M glatt rechts str.

FERSE

Nach 16 (17,5/19/20,5/22) cm (gemessen ab Fußspitze) eine Bumerangferse glatt rechts über die 30 (30/32/32/34) M der 4. und 1. Nd nach der Grundanleitung (siehe Seite 36) str.

SCHAFT UND BÜNDCHEN

Nach der Bumerangferse 25 Rd glatt rechts str.

GRÖSSE 40/41, 42/43

In der letzten Runde vor dem Bündchen am Rundenanfang 1 M zun [= 65 M].

GRÖSSE 44/45

In der letzten Runde vor dem Bündchen gleichmäßig verteilt 2 M zun [= 70 M].

Für das Bündchen eine 2/3-Rippe str: *2 M rechts, 3 M links*, von * bis * stets wdh, bis das Bündchen eine Länge von 12,5 cm misst. Die M so wie sie erscheinen locker abketten, damit es am Bein nicht zu eng wird.

Tipp

Du kannst das Bündchen nach deinem Geschmack auch noch länger oder kürzer stricken.

FERTIGSTELLEN

Alle Fäden vernähen und das Bündchen 2x umschlagen.

ZÄHLMUSTER A (LINKER FUSS)

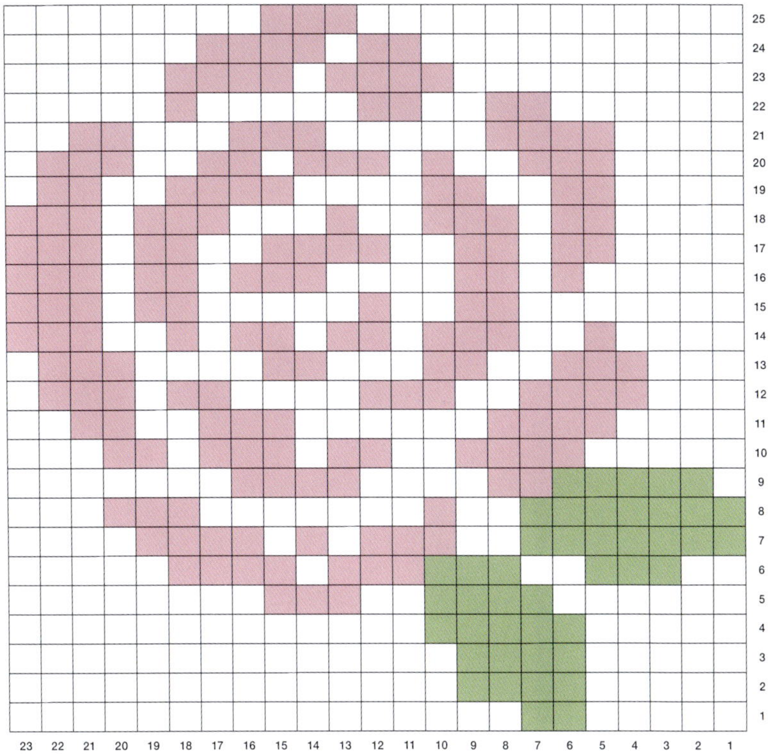

ZÄHLMUSTER B (RECHTER FUSS)

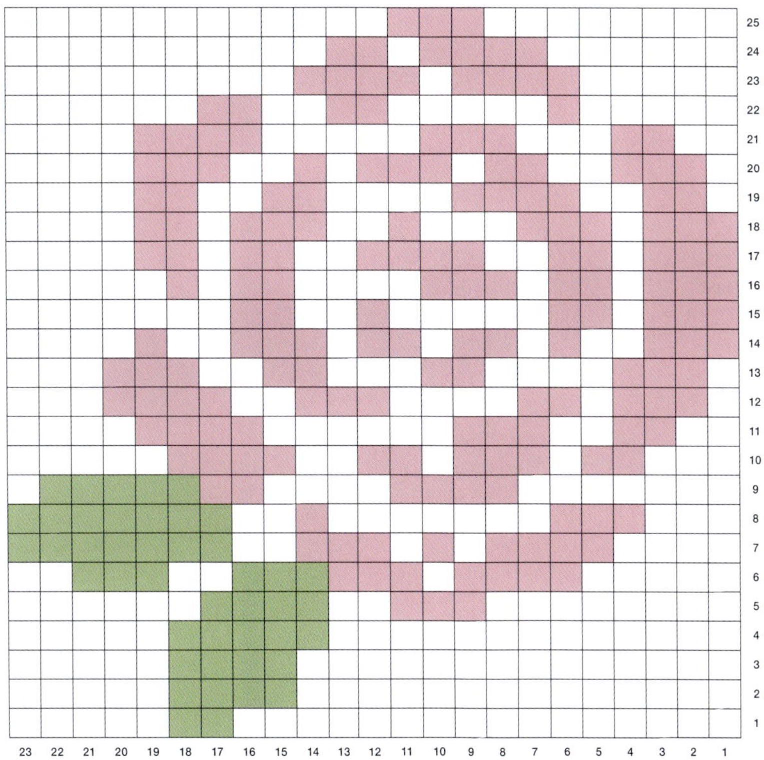

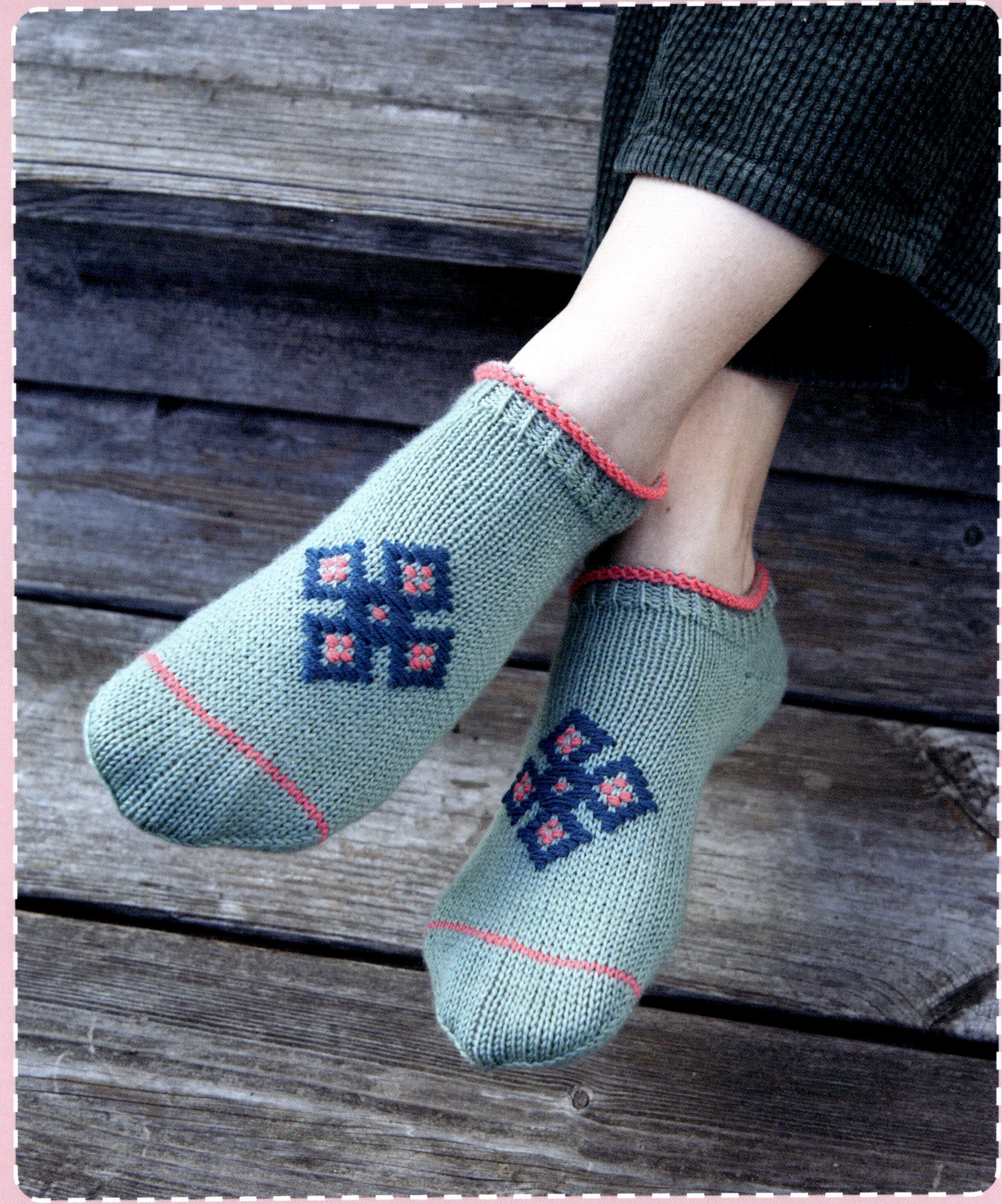

Kuldar

GRÖSSEN

36/37 (38/39, 40/41, 42/43, 44/45)

MATERIAL

Lana Grossa Meilenweit 100 Seta Uni (55 % Schurwolle, 25 % Polyamid, 20 % Seide, LL 400 m/100 g) in

- Resedagrün (Fb 29), 100 g
- Himbeerrot (Fb 33), 100 g

Lana Grossa Cool Wool 4 Socks Uni (75 % Schurwolle Merino, 25 % Polyamid, LL 420 m/100 g) in

- Dunkelgrün (Fb 7701), 100 g

2,5–3,0 mm Nadelspiel (oder bevorzugte Nadelart, siehe Seite 10)

Maschenmarkierer

Wollnadel

Schere

MASCHENPROBE

Glatt rechts mit Nd 2,5–3,0 mm

30 M und 42 R = 10 x 10 cm

GRUNDMUSTER

GLATT RECHTS

In Hin-R rechte M, in Rück-R linke M str.
In Rd alle M rechts str.

BÜNDCHENMUSTER

1/1-Rippe mit verschr rechten M: *1 M rechts verschr, 1 M links*, von * bis * stets wdh.

STRICKWEISE

Die Sneakersocke wird mit einem Rollbündchen von oben nach unten mit einer Bumerangferse und einer Bandspitze gestrickt, dabei wird auf dem Fuß das Muster eingearbeitet.

ANLEITUNG

BÜNDCHEN

60 (60/64/64/68) M in Himbeerrot anschl, gleichmäßig auf 4 Nd verteilen [= 15 (15/16/16/17) M pro Nd] und zur Rd schließen.

1. Rd: Alle M rechts str.

Zu Resedagrün wechseln.

2.–5. Rd: Alle M rechts str.

6.–10. Rd: *1 M rechts verschr, 1 M links*, von * bis * stets wdh.

11.–15. Rd: Alle M rechts str.

FERSE

Die Bumerangferse glatt rechts in Resedagrün über die 30 (30/32/32/34) M der 4. und 1. Nd nach der Grundanleitung (siehe Seite 36) str.

FUSS

Alle M glatt rechts in Rd stricken, nach ca. 8 (8,5/9,5/10/11) cm (gemessen ab Fersenmitte) in der nächsten Rd 20 (20/22/22/24) M rechts str, MM setzen, 21 M rechts str, MM setzen, 19 (19/21/21/23) M rechts str.

In den nächsten 21 Rd das Muster doppelfädig in Dunkelgrün und Himbeerrot über die 21 M zwischen den MM arbeiten.

Nach der 21. Rd des Musters die MM entfernen und alle M glatt rechts str.

SPITZE

Nach ca. 16 (17,5/19/20,5/22) cm (gemessen ab Fersenmitte) 1 Rd in Himbeerrot str, anschließend die Bandspitze nach der Grundanleitung (siehe Seite 40) in Resedagrün str.

FERTIGSTELLEN

Alle Fäden vernähen.

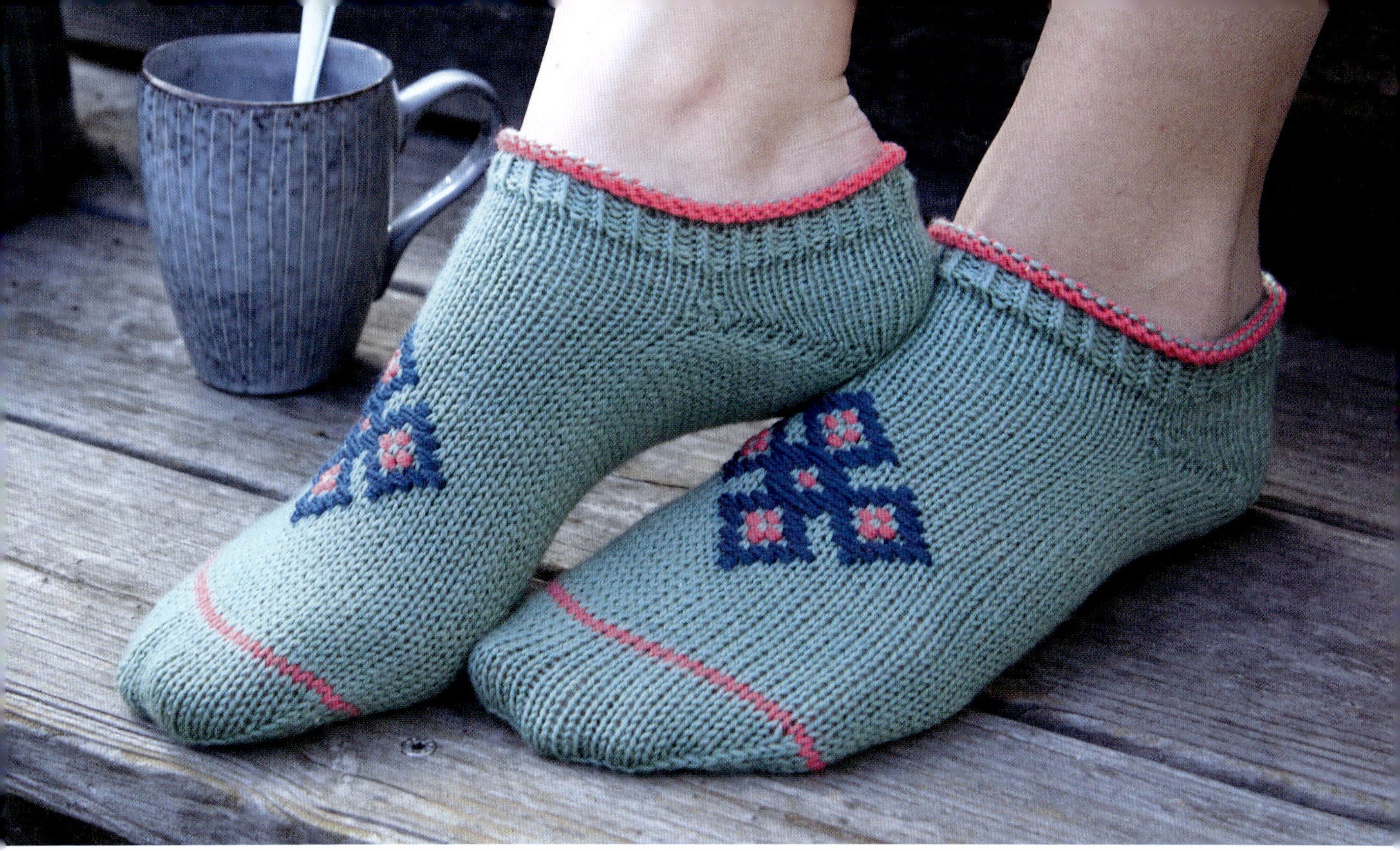

ZÄHLMUSTER

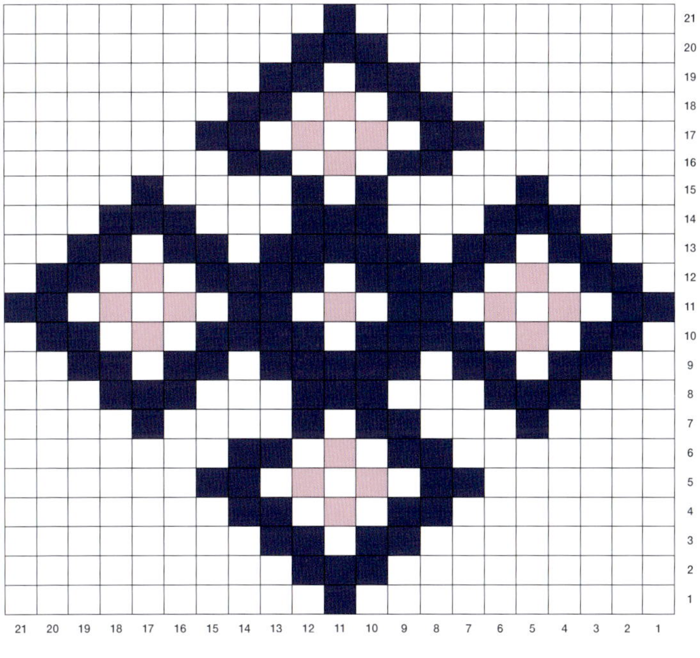

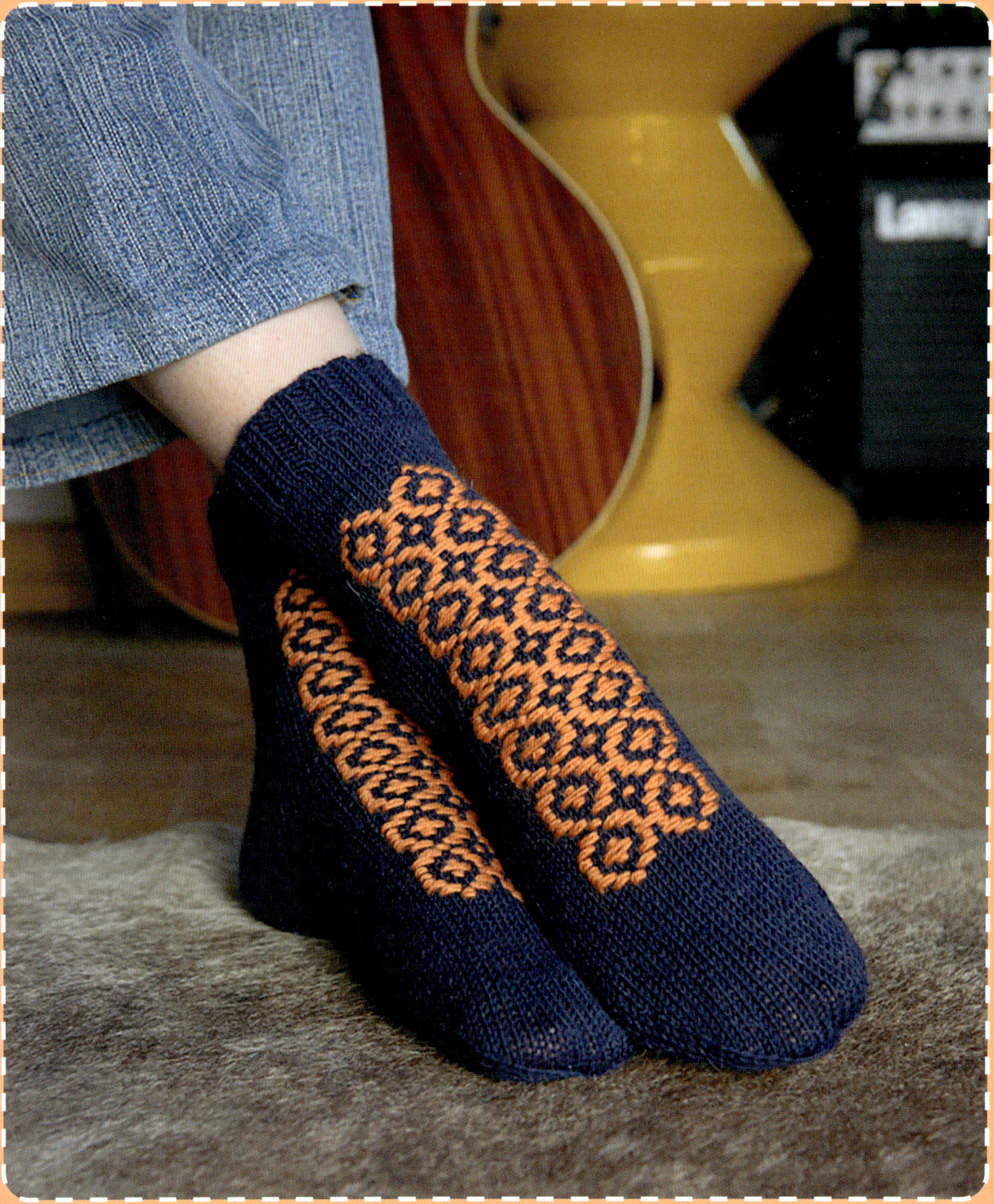

Sirja

GRÖSSEN

36/37 (38/39, 40/41, 42/43, 44/45)

MATERIAL

Lana Grossa Cool Wool 4 Socks Uni (75 % Schurwolle Merino, 25 % Polyamid, LL 420 m/100 g) in

- Nachtblau (Fb 7705), 100 g

Lana Grossa Meilenweit 100 Uni (80 % Schurwolle, 20 % Polyamid, LL 420 m/100 g) in

- Orange (Fb 1384), 100 g

2,5–3,0 mm Nadelspiel (oder bevorzugte Nadelart, siehe Seite 10)

Maschenmarkierer

Wollnadel

Schere

MASCHENPROBE

Glatt rechts mit Nd 2,5–3,0 mm

28 M und 40 R = 10 x 10 cm

GRUNDMUSTER

GLATT RECHTS

In Hin-R rechte M, in Rück-R linke M str.
In Rd alle M rechts str.

BÜNDCHENMUSTER

2/2-Rippe: *2 M rechts, 2 M links*, von * bis * stets wdh.

STRICKWEISE

Die Socke wird von oben nach unten mit einer Bumerangferse und einer Bandspitze gestrickt, dabei wird das Muster doppelfädig am Schaft eingearbeitet.

ANLEITUNG

BÜNDCHEN

60 (60/64/64/68) M in Nachtblau anschl, gleichmäßig auf 4 Nd verteilen [= 15 (15/16/16/17) M pro Nd] und zur Rd schließen.

12 Rd im Bündchenmuster str (= 3 cm).

SCHAFT UND FERSE

9 Rd glatt rechts str.

In der 10. Rd 23 (23/25/25/27) M rechts str, MM setzen, 15 M rechts str, MM setzen, 22 (22/24/24/26) M rechts str.

65 (65/73/73/81) Rd glatt rechts str und das Muster doppelfädig über die 15 M zwischen den MM in Orange nach den Musterreihen wie unten angegeben einarbeiten, dabei nach ca. 14,5 cm (ab Anschlagskante) die Bumerangferse über die 30 (30/32/32/34) M der 4. und 1. Nd nach der Grundanleitung (siehe Seite 36) str, das Muster in den Zwischenrunden auf der Vorderseite weiterarbeiten.

GRÖSSE 36/37, 38/39

1.–8. Rd: Die 1.–8. R des Zählmusters str.

9.–56. Rd: 3 x die 9.–24. R des Zählmusters str.

57.–65. Rd: Die 17.–25. R des Zählmusters str.

GRÖSSE 40/41, 42/43

1.–8. Rd: Die 1.–8. R des Zählmusters str.

9.– 56. Rd: 3 x die 9.–24. R des Zählmusters str.

57.–73. Rd: Die 9.–25. R des Zählmusters str.

GRÖSSE 44/45

1.–8. Rd: Die 1.–8. R des Zählmusters str.

9.– 72. Rd: 4 x die 9.–24. R des Zählmusters str.

73.–81. Rd: Die 17.–25. R des Zählmusters str.

FUSS UND SPITZE

Glatt rechts str und die 65 (65/73/81) Rd des Musters beenden. Anschließend glatt rechts weiterstr, bis der Fuß (gemessen ab Fersenmitte) 16 (17,5/19/20,5/22) cm misst. Nun die Bandspitze nach der Grundanleitung (siehe Seite 40) str.

FERTIGSTELLEN

Alle Fäden vernähen.

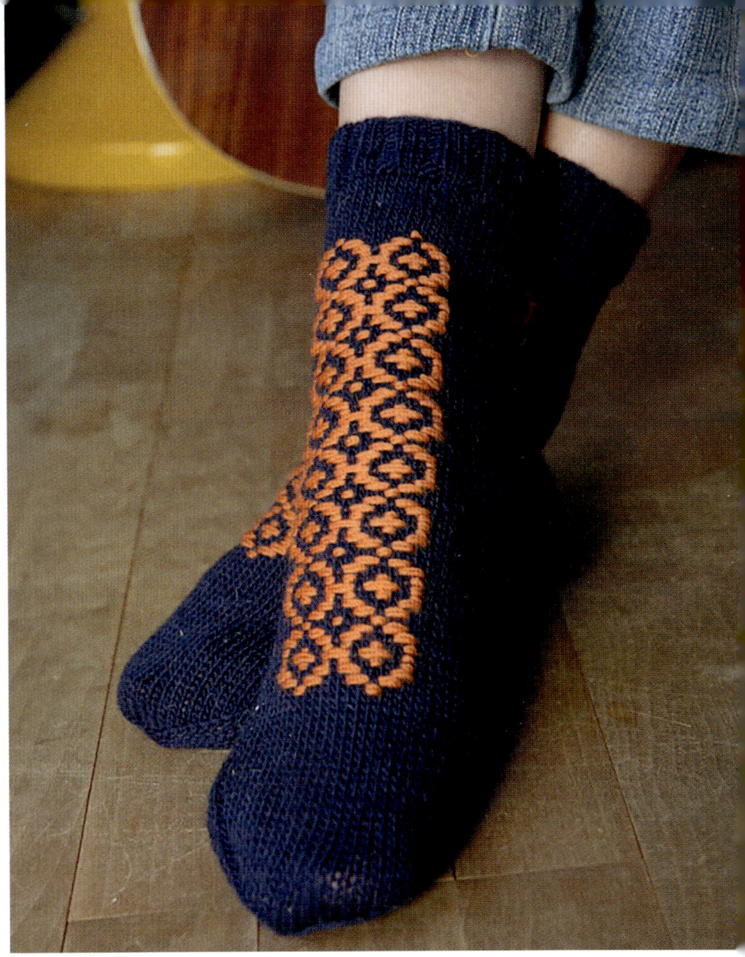

ZÄHLMUSTER

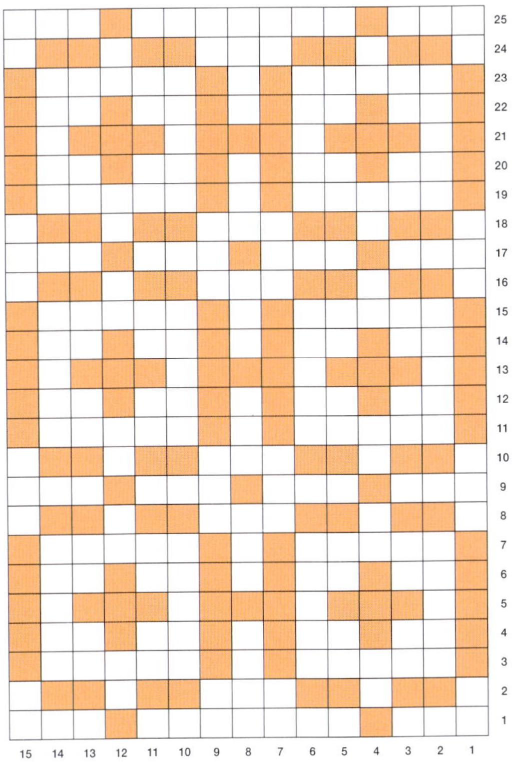
25 24 23 22 21 20 19 18 17 16 15 14 13 12 11 10 9 8 7 6 5 4 3 2 1
15 14 13 12 11 10 9 8 7 6 5 4 3 2 1

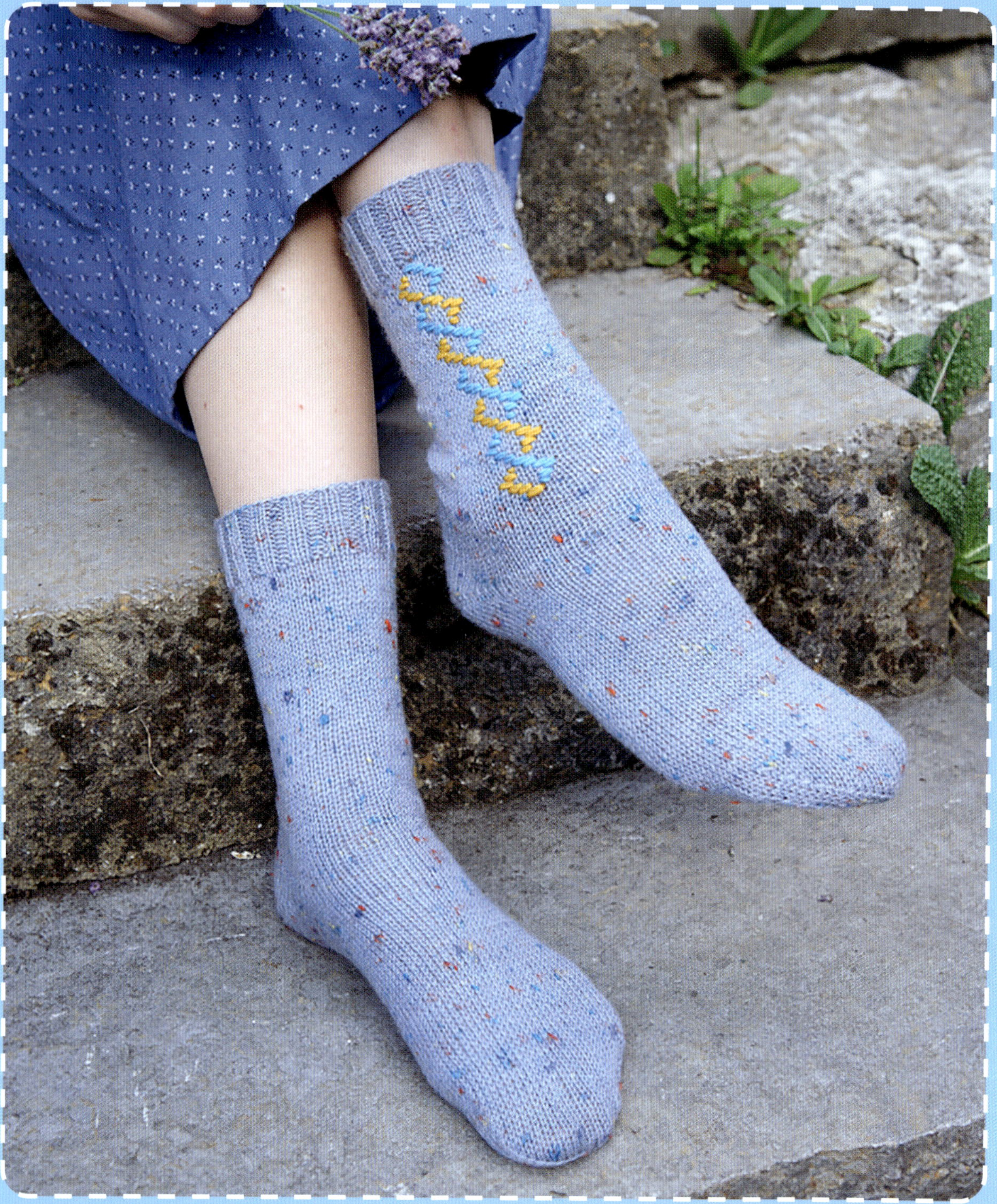

Ivar

GRÖSSEN

36/37 (38/39, 40/41, 42/43, 44/45)

MATERIAL

Lana Grossa Meilenweit 100 Tweed (80 % Schurwolle, 20 % Polyamid, LL 420 m/100 g) in

- Graublau (Fb 171), 100 g

Lana Grossa Cool Wool 4 Socks Uni (75 % Schurwolle Merino, 25 % Polyamid, LL 420 m/100 g) in

- Goldgelb (Fb 7713), 100 g
- Türkis (Fb 7703), 100 g

2,5–3,0 mm Nadelspiel (oder bevorzugte Nadelart, siehe Seite 10)

Maschenmarkierer

Wollnadel

Schere

MASCHENPROBE

Glatt rechts mit Nd 2,5–3,0 mm

28 M und 40 R = 10 x 10 cm

GRUNDMUSTER

GLATT RECHTS

In Hin-R rechte M, in Rück-R linke M str.
In Rd alle M rechts str.

BÜNDCHENMUSTER

2/2-Rippe: *2 M rechts, 2 M links*, von * bis * stets wdh.

STRICKWEISE

Die Socke wird von oben nach unten mit einer Bumerangferse und einer Bandspitze gestrickt, dabei wird am Schaft das Muster doppelfädig eingearbeitet.

ANLEITUNG

BÜNDCHEN

60 (60/64/64/68) M in Graublau anschl, gleichmäßig auf 4 Nd verteilen [= 15 (15/16/16/17) M pro Nd] und zur Rd schließen.

15 Rd im Bündchenmuster str (= ca. 3,5 cm).

SCHAFT

1 Rd alle M rechts str.

LINKE SOCKE

33 (33/35/35/37) M rechts str, MM setzen, 8 M rechts str, MM setzen, 19 (19/21/21/23) M rechts str.

RECHTE SOCKE

19 (19/21/21/23) M rechts str, MM setzen, 8 M rechts str, MM setzen, 33 (33/35/35/37) M rechts str.

43 Rd glatt rechts str, dabei über die 8 M zwischen den MM das Muster doppelfädig in Goldgelb und Türkis wie folgt einarbeiten:

1.–31. Rd: Die 1.–31. R des Zählmusters str.

32.–43. Rd: Die 20.–31. R des Zählmusters str.

Die MM entfernen und 10 Rd glatt rechts str.

FERSE

Die Bumerangferse glatt rechts über die 30 (30/32/32/34) M der 4. und 1. Nd nach der Grundanleitung (siehe Seite 36) str.

FUSS UND SPITZE

Glatt rechts in Rd str, bis der Fuß (gemessen ab Fersenmitte) 16 (17,5/19/20,5/22) cm misst. Nun die Bandspitze nach der Grundanleitung (siehe Seite 40) str.

FERTIGSTELLEN

Alle Fäden vernähen.

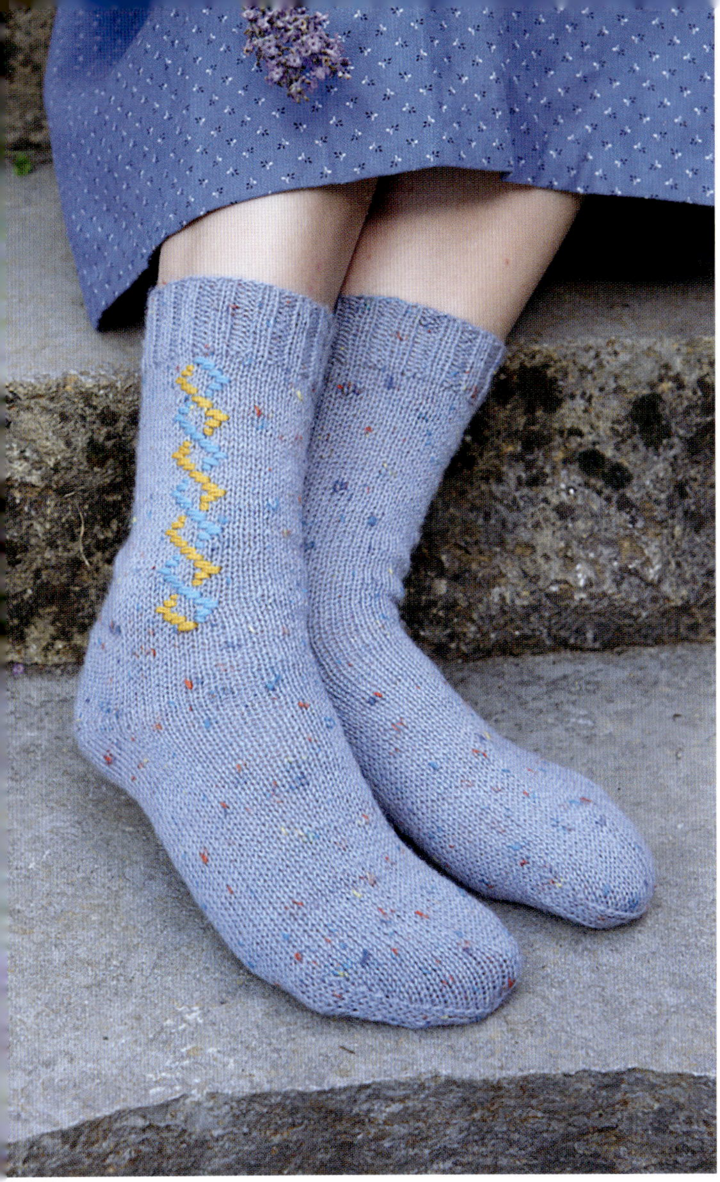

ZÄHLMUSTER

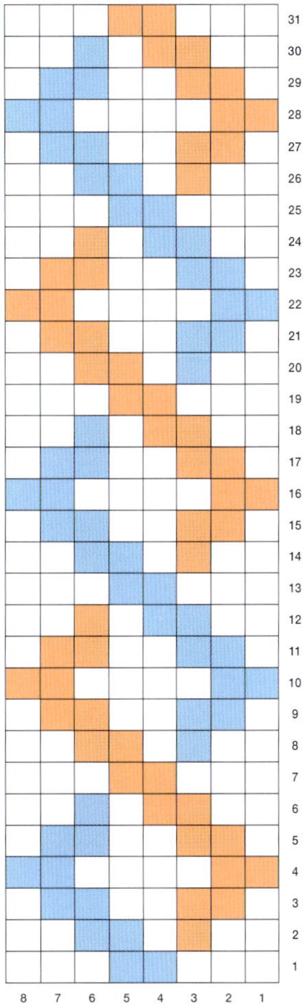

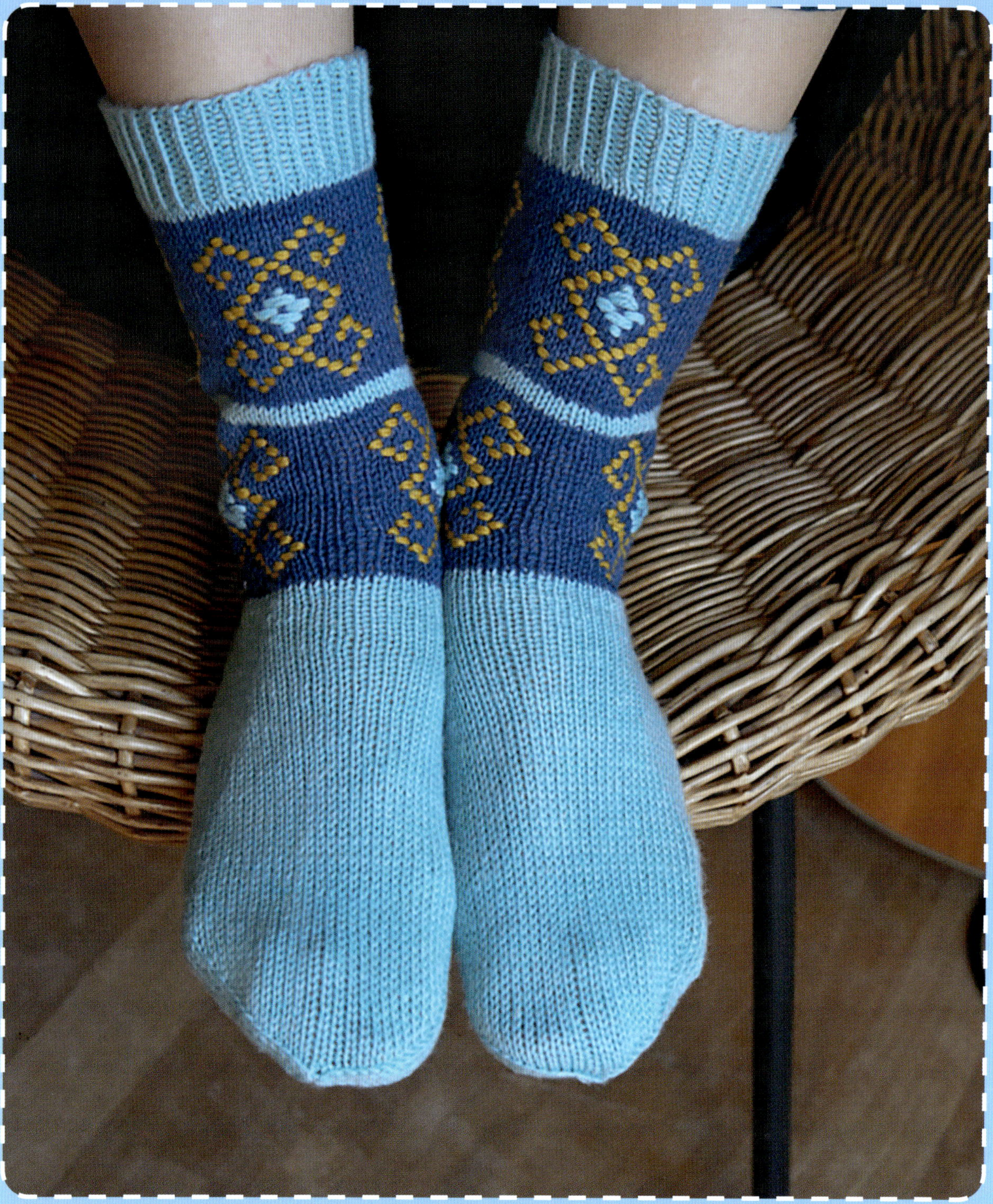

Ilme

GRÖSSEN

36/37 (38/39, 40/41, 42/43, 44/45)

MATERIAL

Lana Grossa Meilenweit 100 Merino Extrafine Uni (75 % Schurwolle Merino, 25 % Polyamid, LL 420 m/100 g) in

- Jade (Fb 2440), 100 g

Lana Grossa Meilenweit 100 Uni (80 % Schurwolle, 20 % Polyamid, LL 420 m/100 g) in

- Blau (Fb 1342), 100 g

Lana Grossa Cool Wool 4 Socks Uni (75 % Schurwolle Merino, 25 % Polyamid, LL 420 m/100 g) in

- Goldgelb (Fb 7713), 100 g

2,5–3,0 mm Nadelspiel (oder bevorzugte Nadelart, siehe Seite 10)

Maschenmarkierer

Wollnadel

Schere

MASCHENPROBE

Glatt rechts mit Nd 2,5–3,0 mm

28 M und 40 R = 10 x 10 cm

GRUNDMUSTER

GLATT RECHTS

In Hin-R rechte M, in Rück-R linke M str.
In Rd alle M rechts str.

BÜNDCHENMUSTER

1/1-Rippe mit verschr rechten M: *1 M rechts verschr, 1 M links*, von * bis * stets wdh.

STRICKWEISE

Die Socke wird von oben nach unten mit einer Bumerangferse und einer Bandspitze gestrickt, dabei wird das Muster doppelfädig am Schaft eingearbeitet.

ANLEITUNG

BÜNDCHEN

60 (60/64/64/68) M in Jade anschl, gleichmäßig auf 4 Nd verteilen [= 15 (15/16/16/17) M pro Nd] und zur Rd schließen.

15 Rd im Bündchenmuster str (= ca. 3,5 cm).

SCHAFT

1 Rd alle M rechts str.

Zu Blau wechseln.

2 Rd alle M rechts str.

In der 4. Rd 3 M rechts str, MM setzen, 15 M rechts str, MM setzen, 5 (5/7/7/7) M rechts str, MM setzen, 15 M rechts str, MM setzen, 5 (5/6/6/8) M rechts str, MM setzen, 15 M rechts str, MM setzen, 2 (2/3/3/5) M rechts str.

19 Rd glatt rechts str und dabei jeweils über die 15 M zwischen den MM das Muster doppelfädig in Goldgelb und Jade einarbeiten.

2 Rd alle M rechts str und dabei die MM entfernen.

Zu Jade wechseln.

3 Rd alle M rechts str.

Zu Blau wechseln.

1 Rd alle M rechts str.

In der nächsten Rd 8 M rechts str, MM setzen, 5 (5/7/7/8) M rechts str, MM setzen, 15 M rechts str, MM setzen, 5 (5/6/6/7) M rechts str, MM setzen, 15 M rechts str, MM setzen, 5 (5/6/6/8) M rechts str, MM setzen, 7 M rechts str.

19 Rd glatt rechts str und dabei jeweils über die 15 M zwischen den MM das Muster doppelfädig in Goldgelb und Jade einarbeiten.

3 Rd alle M rechts str und dabei die MM entfernen.

Zu Jade wechseln.

3 Rd alle M rechts str.

FERSE

Die Bumerangferse glatt rechts in Jade über die 30 (30/32/32/34) M der 4. und 1. Nd nach der Grundanleitung (siehe Seite 36) str.

FUSS UND SPITZE

Glatt rechts in Rd str, bis der Fuß (gemessen ab Fersenmitte) 16 (17,5/19/20,5/22) cm misst. Nun die Bandspitze nach der Grundanleitung (siehe Seite 40) str.

FERTIGSTELLEN

Alle Fäden vernähen.

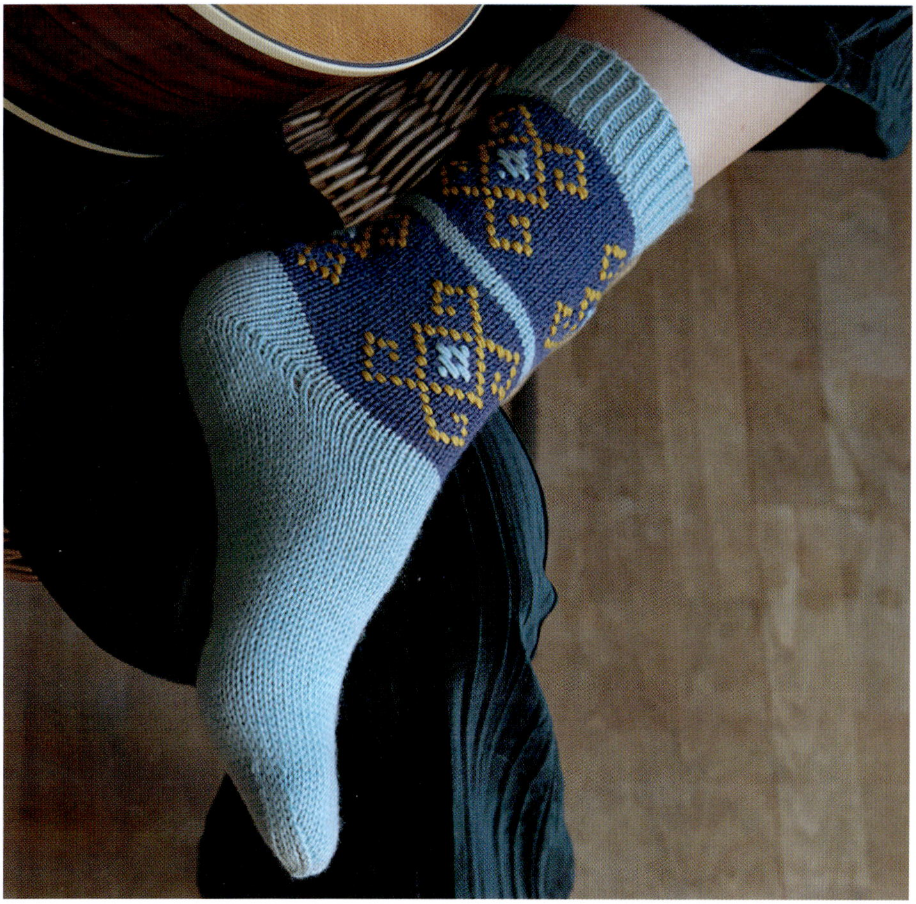

ZÄHLMUSTER

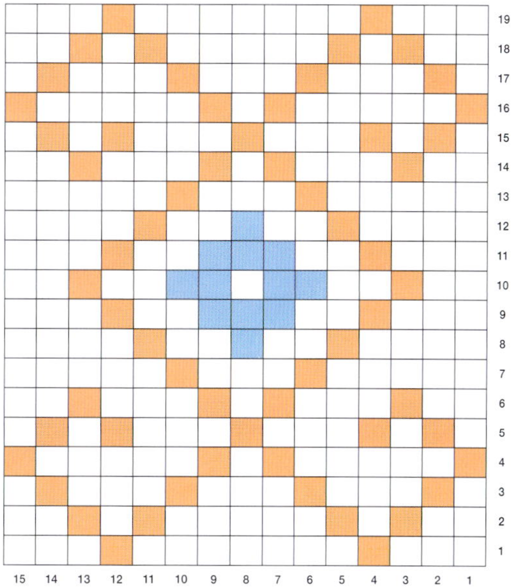

19 18 17 16 15 14 13 12 11 10 9 8 7 6 5 4 3 2 1
15 14 13 12 11 10 9 8 7 6 5 4 3 2 1

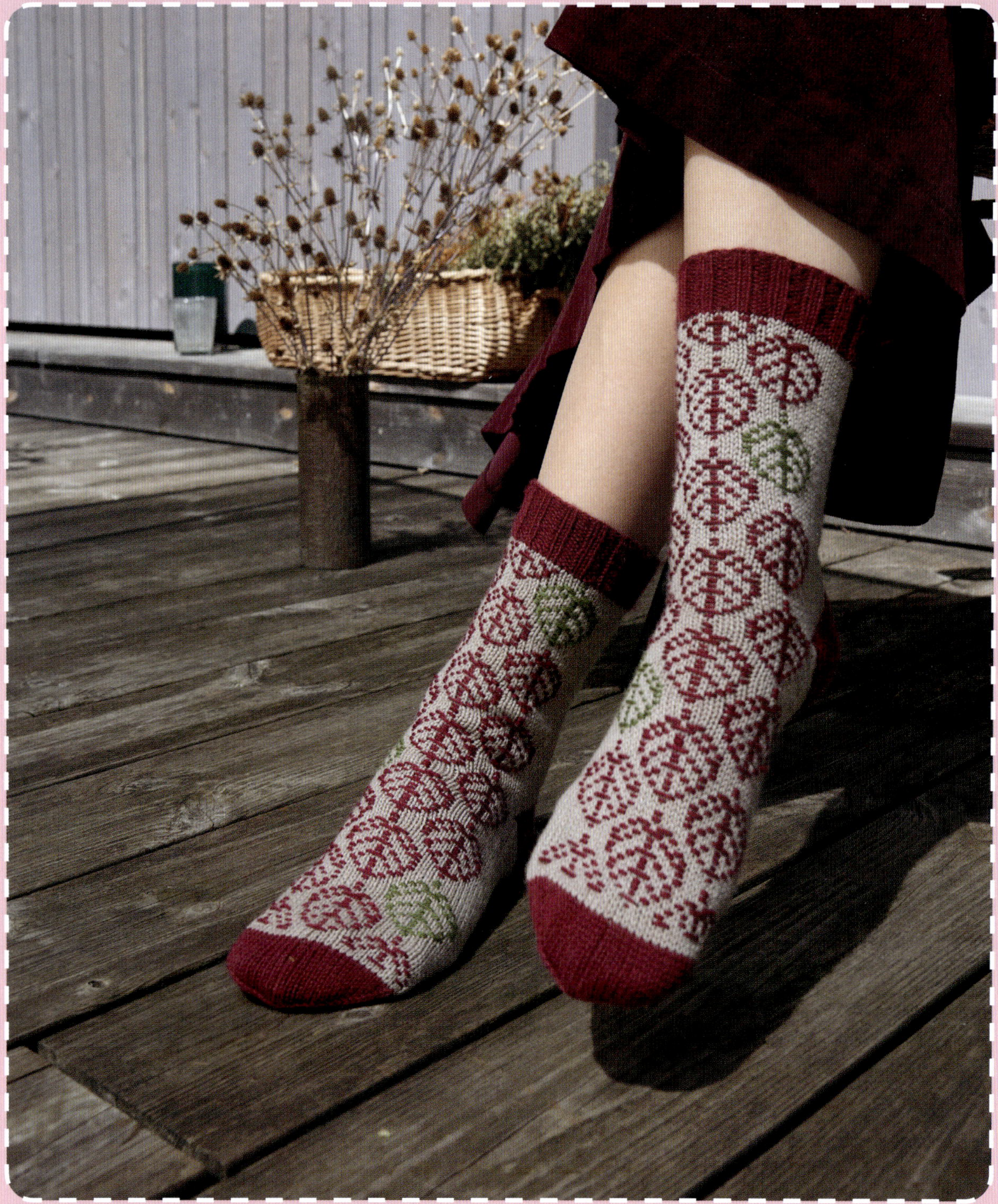

Reelika

GRÖSSEN

36/37 (38/39, 40/41, 42/43, 44/45)

MATERIAL

Lana Grossa Meilenweit 50 Cashmere (70 % Wolle, 25 % Polyamid, 5 % Kaschmir, LL 210 m/50 g) in

- Bordeaux (Fb 44), 100 g
- Grège (Fb 13), 50 g
- Tulpengrün (Fb 53), 50 g

2,5–3,0 mm Nadelspiel (oder bevorzugte Nadelart, siehe Seite 10)

Maschenmarkierer

Wollnadel

Schere

MASCHENPROBE

Glatt rechts mit Nd 2,5–3,0 mm

30 M und 40 R = 10 x 10 cm

GRUNDMUSTER

GLATT RECHTS

In Hin-R rechte M, in Rück-R linke M str.
In Rd alle M rechts str.

BÜNDCHENMUSTER

2/2-Rippe: *2 M rechts, 2 M links*, von * bis * stets wdh.

STRICKWEISE

Die Socke wird von oben nach unten mit einer Käppchenferse und einer Bandspitze gestrickt, dabei wird das Muster einfädig über die komplette Vorderseite gearbeitet.

ANLEITUNG

BÜNDCHEN

60 (60/64/64/68) M in Bordeaux anschl, gleichmäßig auf 4 Nd verteilen [= 15 (15/16/16/17) M pro Nd] und zur Rd schließen.

15 Rd im Bündchenmuster str (= ca. 3,5 cm).

SCHAFT

Zu Grège wechseln, 16 (16/18/18/20) M rechts str, MM setzen, 29 M rechts str, MM setzen, 15 (15/17/17/19) M rechts str.

Tipp

Die Reihenfolge der M auf den Nd ein wenig verschieben, damit der MM nicht herunterfällt.

50 Rd glatt rechts in Grège str und dabei über die 29 M zwischen den MM das Muster einfädig in Bordeaux und Tulpengrün einarbeiten. Die 1.–16. Muster-R fortlaufend wdh, dabei nach Geschmack zwischen Bordeaux und Tulpengrün wechseln.

FERSE

In Bordeaux die Käppchenferse über die 30 (30/32/32/34) M der 4. und 1. Nd nach der Grundanleitung (siehe Seite 37) str. Wechsle für die M-Aufnahme und den Zwickel zu Grège und arbeite in allen Rd das Muster auf der Vorderseite weiter.

HINWEIS **Falls du deine M auf den Nd für die MM anders verteilt hast, musst du sie für die Käppchenferse wieder in die ursprüngliche Verteilung zurückbringen.**

FUSS

Das Muster über den Fuß fortführen, bis 15,5 (17,5/18,5/20/21,5) cm (gemessen ab Fersenmitte) gestr sind.

Noch 2 Rd in Grège ohne Muster str, bis der Fuß (gemessen ab Fersenmitte) 16 (17,5/19/20,5/22) cm misst. Die MM können entfernt werden, während die M für die Spitze wieder in die ursprüngliche Verteilung zurück sortiert werden.

SPITZE

Zu Bordeaux wechseln und die Bandspitze nach der Grundanleitung (siehe Seite 40) str.

FERTIGSTELLEN

Alle Fäden vernähen.

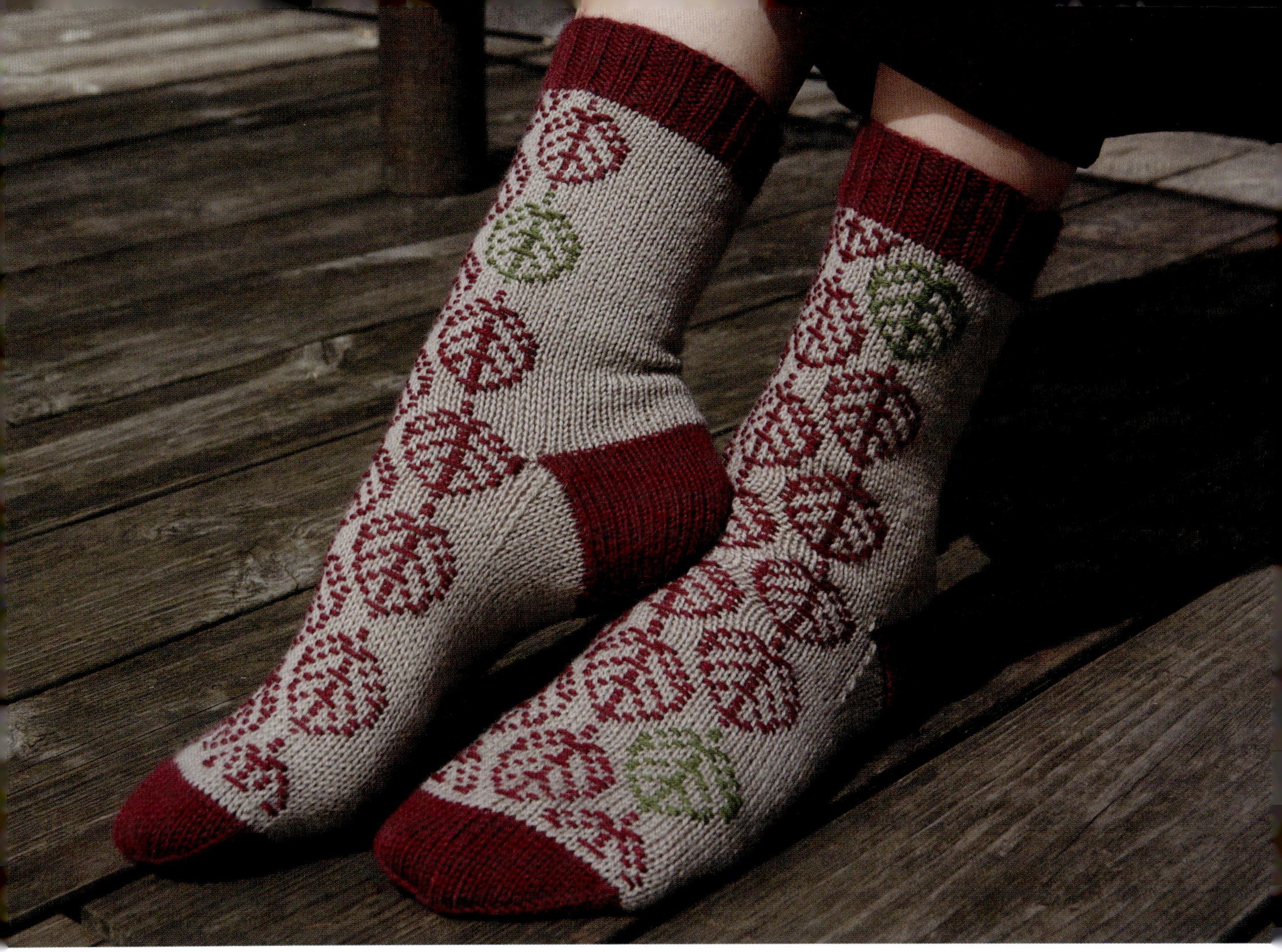

ZÄHLMUSTER

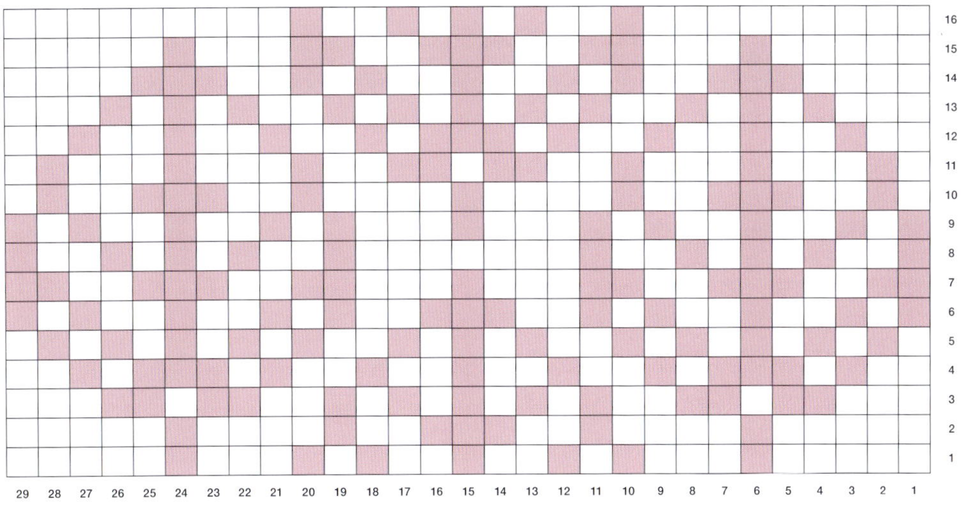

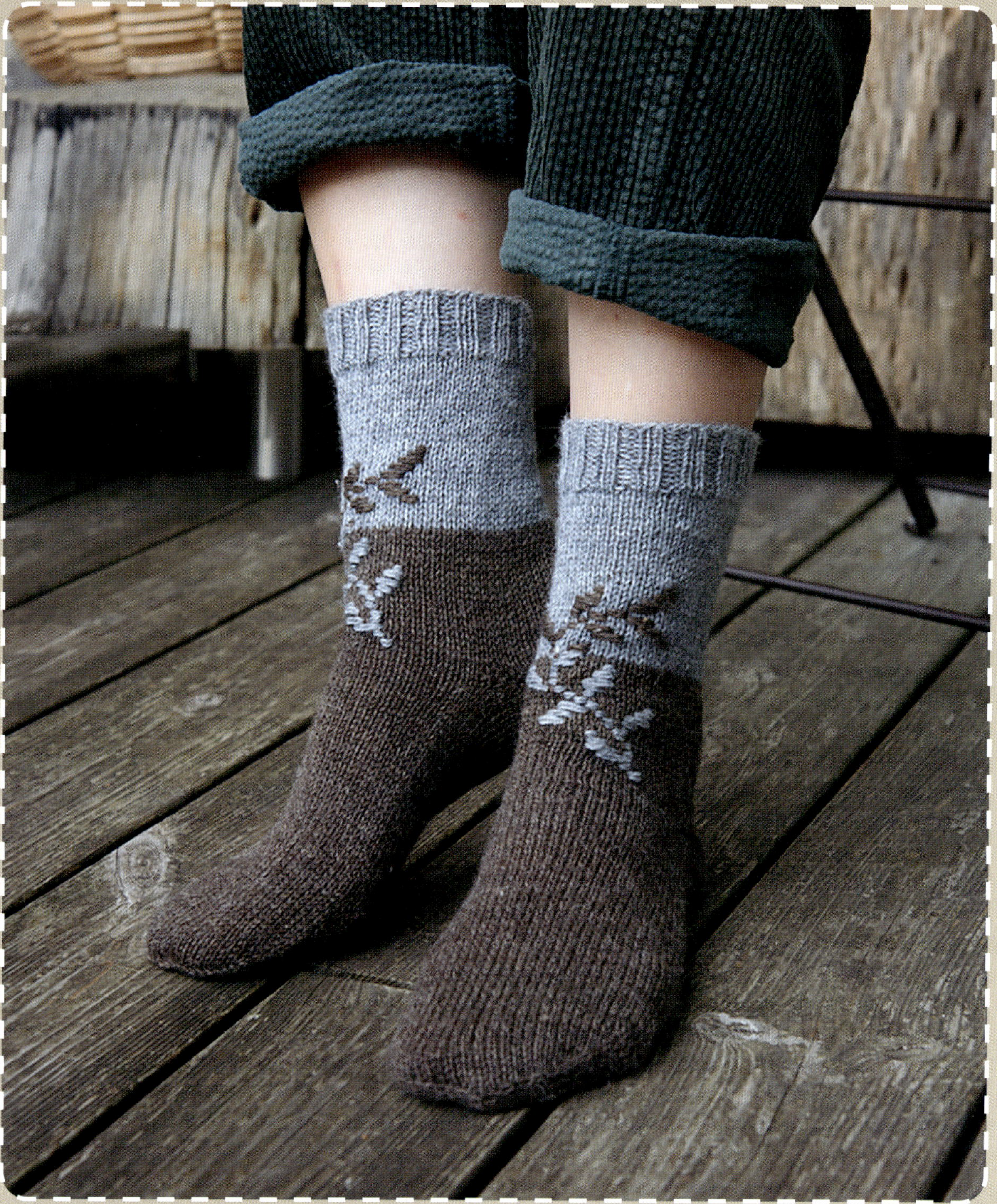

Veiko

GRÖSSEN

36/37 (38/39, 40/41, 42/43, 44/45)

MATERIAL

Lana Grossa Meilenweit 100 Uni (80 % Schurwolle, 20 % Polyamid, LL 420 m/100 g) in

- Grau meliert (Fb 1103), 100 g
- Braun meliert (Fb 1334), 100 g

2,5–3,0 mm Nadelspiel (oder bevorzugte Nadelart, siehe Seite 10)

Maschenmarkierer

Wollnadel

Schere

MASCHENPROBE

Glatt rechts mit Nd 2,5–3,0 mm

28 M und 40 R = 10 x 10 cm

GRUNDMUSTER

GLATT RECHTS

In Hin-R rechte M, in Rück-R linke M str.
In Rd alle M rechts str.

BÜNDCHENMUSTER

2/2-Rippe: *2 M rechts, 2 M links*, von * bis * stets wdh.

STRICKWEISE

Die Socke wird zweifarbig von oben nach unten mit einer Bumerangferse und einer Bandspitze gestrickt, dabei wird das Muster doppelfädig am Schaft eingearbeitet.

ANLEITUNG

BÜNDCHEN

60 (60/64/64/68) M in Grau meliert anschl, gleichmäßig auf 4 Nd verteilen [= 15 (15/16/16/17) M pro Nd] und zur Rd schließen.

12 Rd im Bündchenmuster str (= ca. 3 cm).

SCHAFT

14 Rd alle M glatt rechts str.

In der nächsten Rd 22 (22/24/24/26) M rechts str, MM setzen, 16 M rechts str, MM setzen, 22 (22/24/24/26) M rechts str.

In den nächsten 13 Rd das Muster in Braun meliert über die 16 M zwischen den MM arbeiten.

Zu Braun meliert wechseln und das Muster ab der 14. R bis zur 32. R in Grau meliert weiterarbeiten.

Wenn das Muster beendet ist, die beiden MM entfernen und noch 1 Rd glatt rechts in Braun meliert str.

FERSE

Die Bumerangferse glatt rechts in Braun meliert über die 30 (30/32/32/34) M der 4. und 1. Nd nach der Grundanleitung (siehe Seite 36) str.

FUSS UND SPITZE

Glatt rechts in Rd str, bis der Fuß (gemessen ab Fersenmitte) 16 (17,5/19/20,5/22) cm misst.
Die Bandspitze nach der Grundanleitung (siehe Seite 40) str.

FERTIGSTELLEN

Alle Fäden vernähen.

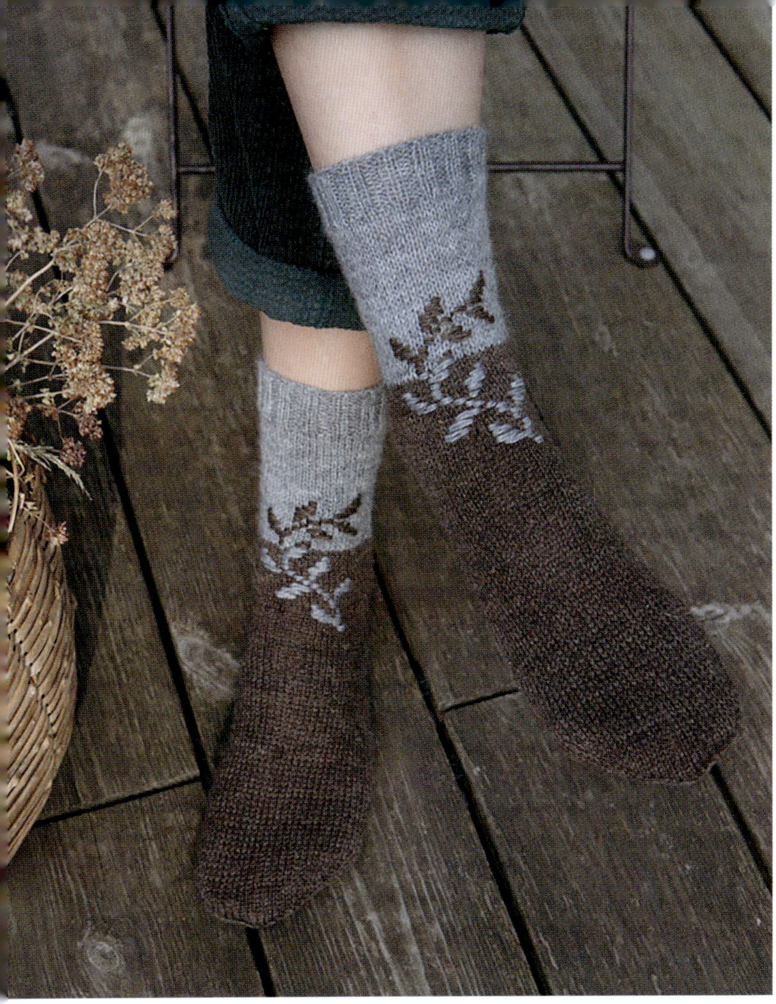

ZÄHLMUSTER

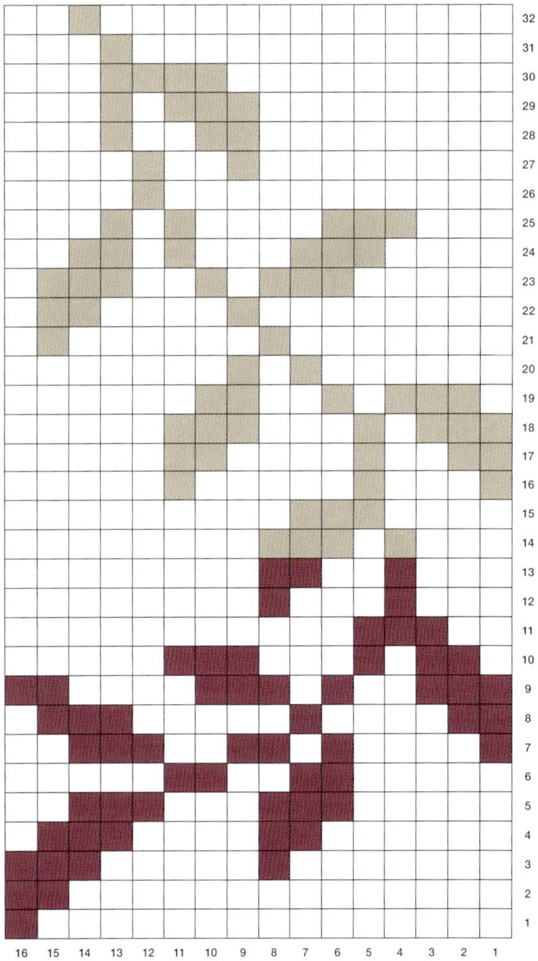

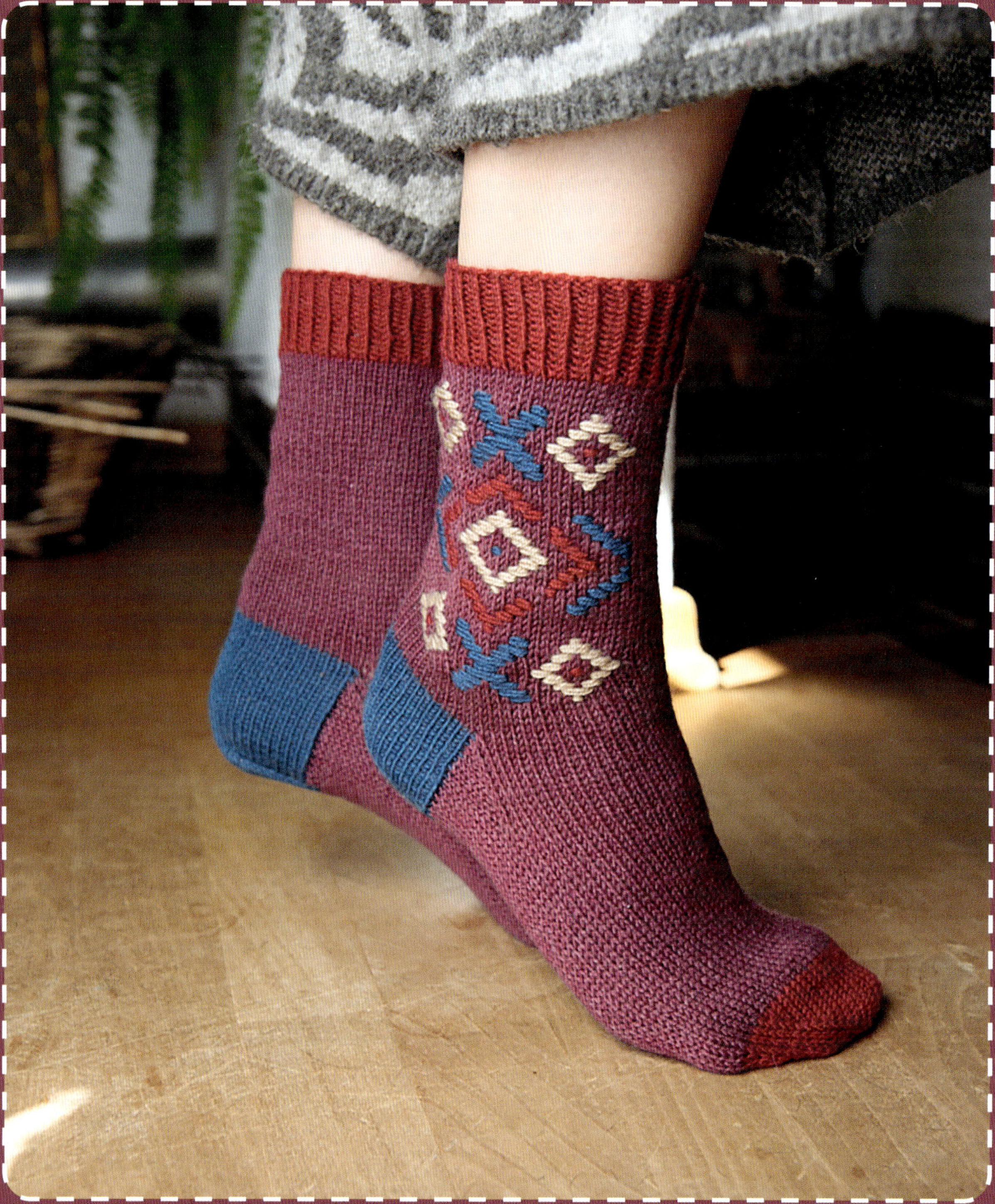

Kalev

GRÖSSEN

36/37 (38/39, 40/41, 42/43, 44/45)

MATERIAL

Lana Grossa Cool Wool 4 Socks Uni (75 % Schurwolle Merino, 25 % Polyamid, LL 420 m/100 g) in

- Bordeaux (Fb 7716), 100 g
- Dunkelgrün (Fb 7701), 100 g

Lana Grossa Meilenweit 100 Seta Uni (55 % Schurwolle, 25 % Polyamid, 20 % Seide, LL 400 m/100 g) in

- Brombeer (Fb 26), je 100 g
- Lehmbraun (Fb 32), je 100 g

2,5–3,0 mm Nadelspiel (oder bevorzugte Nadelart, siehe Seite 10)

Maschenmarkierer

Wollnadel

Schere

MASCHENPROBE

Glatt rechts mit Nd 2,5–3,0 mm

28 M und 40 R = 10 x 10 cm

GRUNDMUSTER

GLATT RECHTS

In Hin-R rechte M, in Rück-R linke M str.
In Rd alle M rechts str.

BÜNDCHENMUSTER

1/1-Rippe mit verschr rechten M: *1 M rechts verschr, 1 M links*, von * bis * stets wdh.

STRICKWEISE

Die Socke wird von oben nach unten mit einer Käppchenferse und einer Bandspitze gestrickt, dabei wird das Muster doppelfädig seitlich am Schaft eingearbeitet.

ANLEITUNG

BÜNDCHEN

60 (60/64/64/68) M in Bordeaux anschl, gleichmäßig auf 4 Nd verteilen [= 15 (15/16/16/17) M pro Nd] und zur Rd schließen.

15 Rd im Bündchenmuster str (= ca. 3,5 cm).

SCHAFT

Zu Brombeer wechseln, 3 Rd glatt rechts str.

LINKE SOCKE

In der 4. Rd 2 (2/4/4/6) M rechts str, MM setzen, 27 M rechts str, MM setzen, 31 (31/33/33/35) M rechts str.

RECHTE SOCKE

In der 4. Rd 31 (31/33/33/35) M rechts str, MM setzen, 27 M rechts str, MM setzen, 2 (2/4/4/6) M rechts str.

39 Rd glatt rechts in Brombeer str und das Muster doppelfädig in Dunkelgrün, Bordeaux und Lehmbraun über die 27 M zwischen den MM arbeiten.

Die MM entfernen und anschließend 5 Rd glatt rechts in Brombeer str.

FERSE

Zu Dunkelgrün wechseln und die Käppchenferse über die 30 (30/32/32/34) M der 4. und 1. Nd nach der Grundanleitung (siehe Seite 37) str.
Für die M-Aufnahme und den Zwickel zu Brombeer wechseln.

FUSS

Glatt rechts in Rd str, bis der Fuß (gemessen ab Fersenmitte) 16 (17,5/19/20,5/22) cm misst.

SPITZE

Zu Bordeaux wechseln und die Bandspitze nach der Grundanleitung (siehe Seite 40) str.

FERTIGSTELLEN

Alle Fäden vernähen.

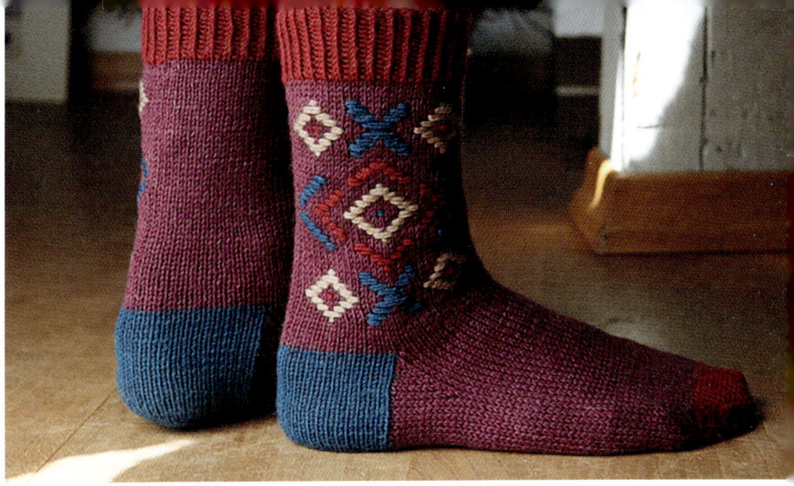

ZÄHLMUSTER

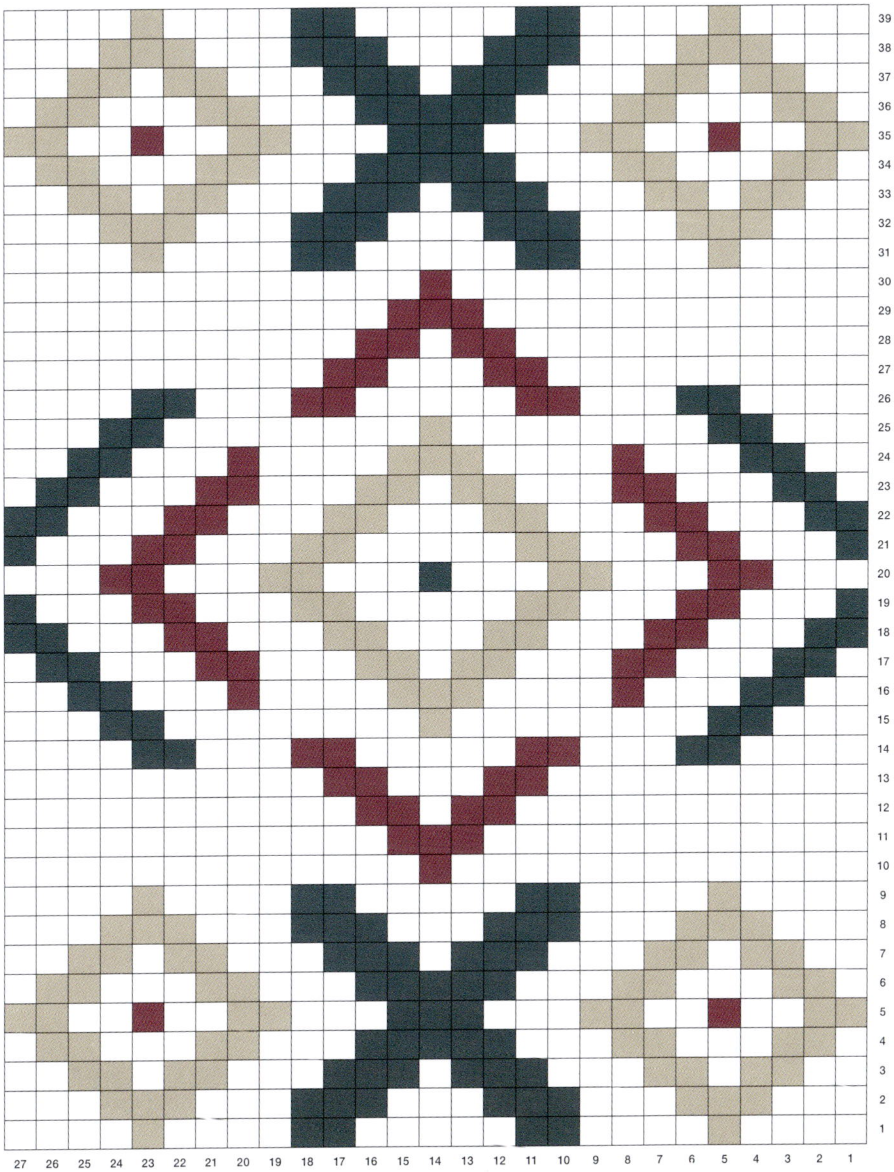

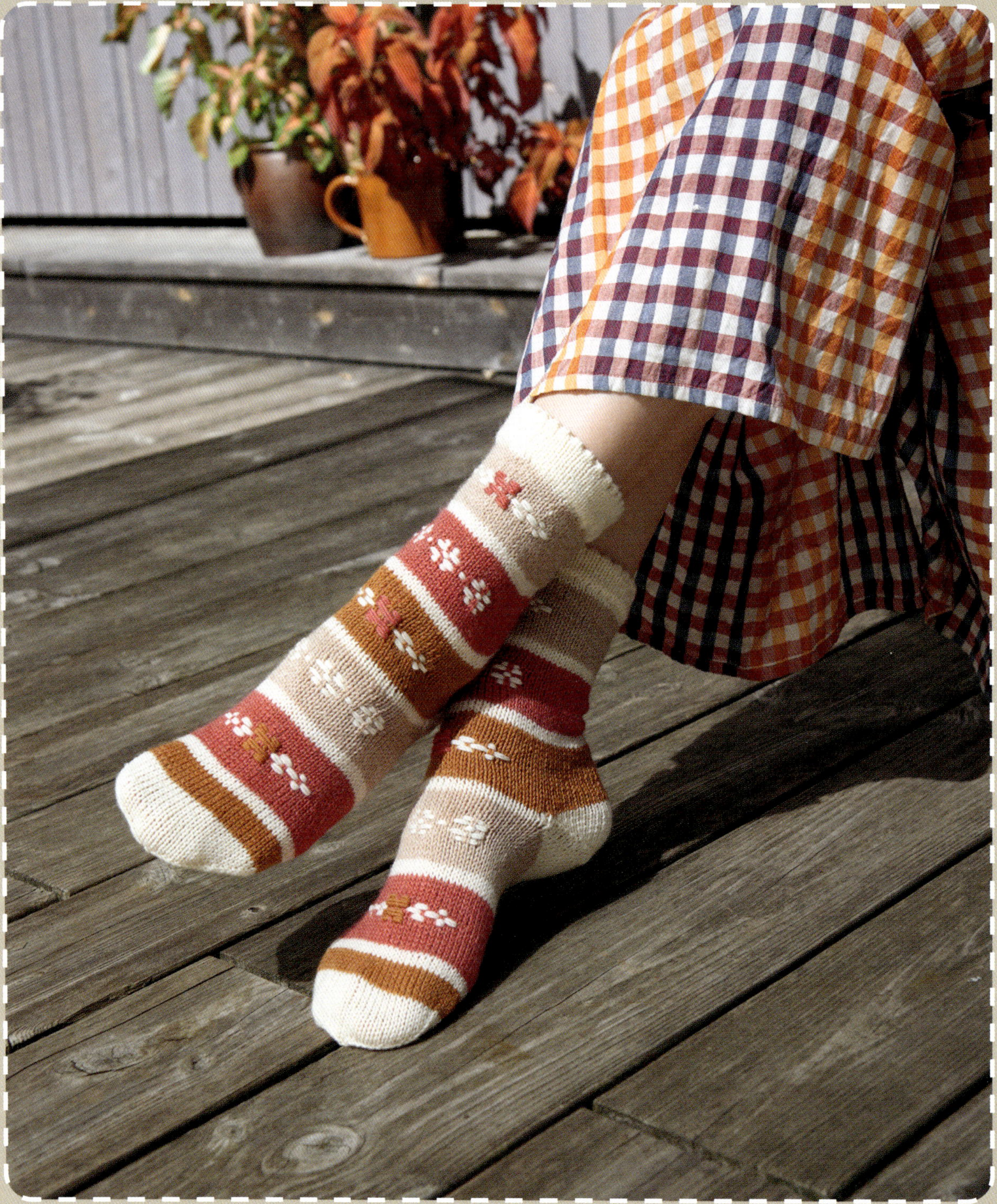

Kaisa

GRÖSSEN

36/37 (38/39, 40/41, 42/43, 44/45)

MATERIAL

Lana Grossa Cool Wool 4 Socks Uni (75 % Schurwolle, 25 % Polyamid, LL 420 m/100 g) in

- Rohweiß (Fb 7710), 100 g
- Beige (Fb 7711), 100 g
- Rostbraun (Fb 7712), 100 g

Lana Grossa Meilenweit 100 Seta Uni (55 % Schurwolle, 25 % Polyamid, 20 % Seide, LL 400 m/100 g) in

- Tonrot (Fb 27), 100 g

2,5–3,0 mm Nadelspiel (oder bevorzugte Nadelart, siehe Seite 10)

Maschenmarkierer

Wollnadel

Schere

MASCHENPROBE

Glatt rechts mit Nd 2,5–3,0 mm

28 M und 40 R = 10 x 10 cm

GRUNDMUSTER

GLATT RECHTS

In Hin-R rechte M, in Rück-R linke M str.
In Rd alle M rechts str.

STRICKWEISE

Die Socke wird von oben nach unten mit einem breiten Mäusezähnchen-Bündchen, einer Bumerangferse und einer Bandspitze gestrickt. Das Muster wird auf der Vorderseite doppelfädig in die breiten Streifen eingearbeitet.

ANLEITUNG

BÜNDCHEN

60 (60/64/64/68) M in Rohweiß anschl, gleichmäßig auf 4 Nd verteilen [= 15 (15/16/16/17) M pro Nd] und zur Rd schließen.

10 Rd glatt rechts str (= ca. 3,5 cm).

Für die Mäusezähnchen 1 Rd wie folgt str:

2 M rechts zusstr, 1 U, von * bis * stets wdh.

In der nächsten Rd alle M und U rechts str.

10 Rd glatt rechts str.

Die Anschlagskante nach innen umschlagen und fortlaufend jeweils 1 M mit einer M der Anschlagskante zusstr.

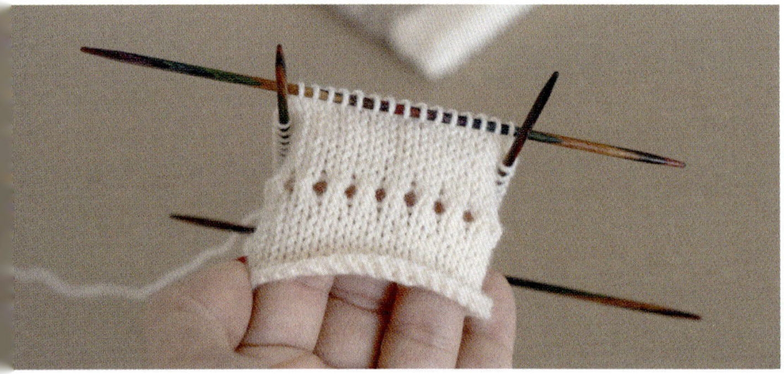

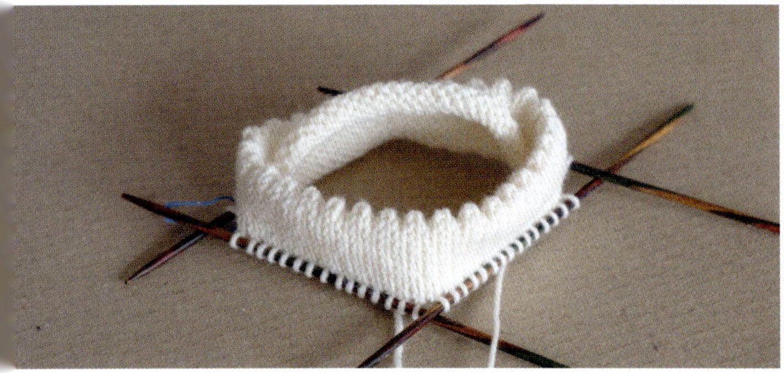

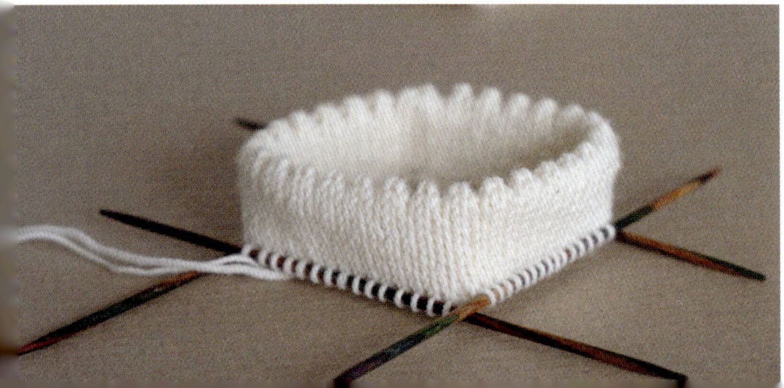

SCHAFT

20 (20/22/22/24) M rechts str, MM setzen, 21 M rechts str, MM setzen, 19 (19/21/21/23) M rechts str.

Zu Beige wechseln.

5 Rd alle M rechts str.

In den nächsten 5 Rd das Zählmuster A in Rohweiß und Tonrot über die 21 M zwischen den MM str.

5 Rd alle M rechts str.

Zu Rohweiß wechseln.

3 Rd alle M rechts str.

Zu Tonrot wechseln.

5 Rd alle M rechts str.

In den nächsten 5 Rd das Zählmuster B in Rohweiß über die 21 M zwischen den MM str.

5 Rd alle M rechts str.

Zu Rohweiß wechseln.

3 Rd alle M rechts str.

Zu Rostbraun wechseln.

5 Rd alle M rechts str.

In den nächsten 5 Rd das Zählmuster A in Rohweiß und Tonrot über die 21 M zwischen den MM str.

5 Rd alle M rechts str.

Zu Rohweiß wechseln.

1 Rd alle M rechts str.

FERSE

Die Bumerangferse in Rohweiß glatt rechts über die 30 (30/32/32/34) M der 4. und 1. Nd nach der Grundanleitung (siehe Seite 36) str.

FUSS

Zu Beige wechseln.

5 Rd alle M rechts str.

In den nächsten 5 Rd das Zählmuster B in Rohweiß über die 21 M zwischen den MM str.

5 Rd alle M rechts str.

Zu Rohweiß wechseln.

3 Rd alle M rechts str.

Zu Tonrot wechseln.

5 Rd alle M rechts str.

In den nächsten 5 Rd das Zählmuster A in Rohweiß und Rostbraun über die 21 M zwischen den MM str.

5 Rd alle M rechts str.

Zu Rohweiß wechseln.

3 Rd alle M rechts str.

Die Farbreihenfolge so weiterstricken, bis der Fuß (gemessen aber der Fersenmitte) 16 (17,5/19/20,5/22) cm misst

SPITZE

Zu Rohweiß wechseln und die Bandspitze nach der Grundanleitung (siehe Seite 40) str.

FERTIGSTELLEN

Alle Fäden vernähen.

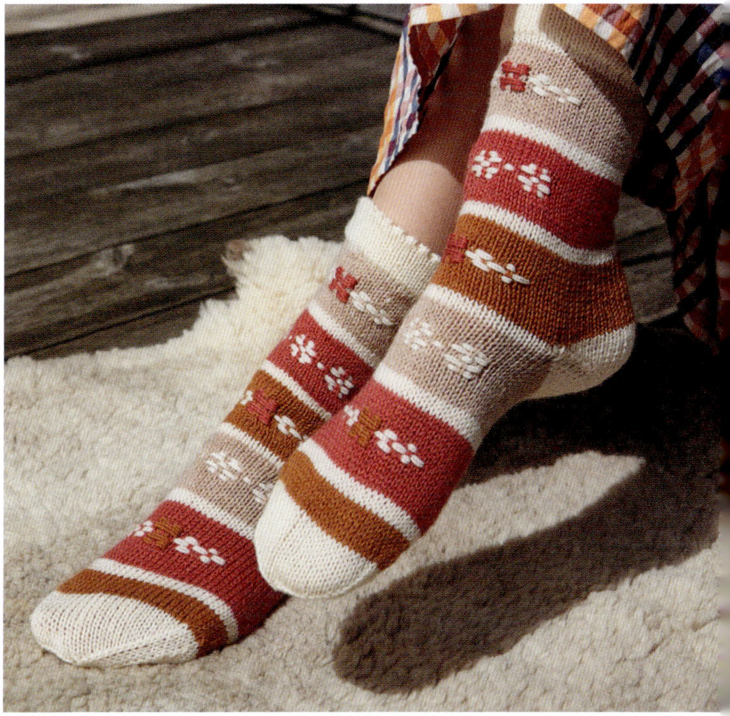

ZÄHLMUSTER A

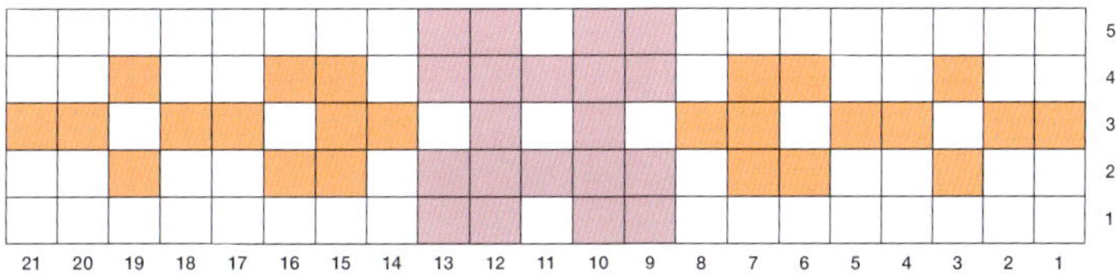

ZÄHLMUSTER B

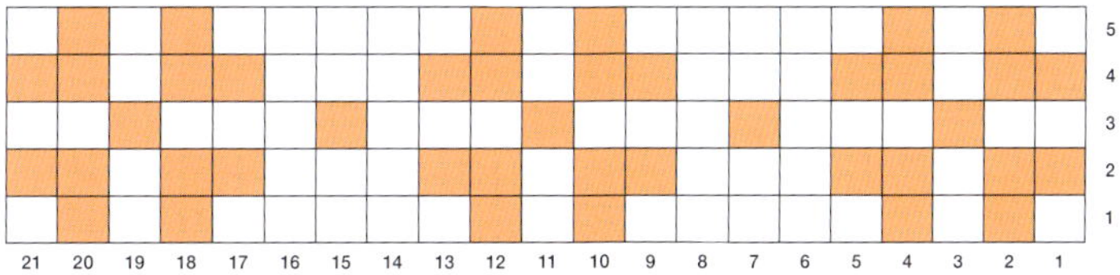

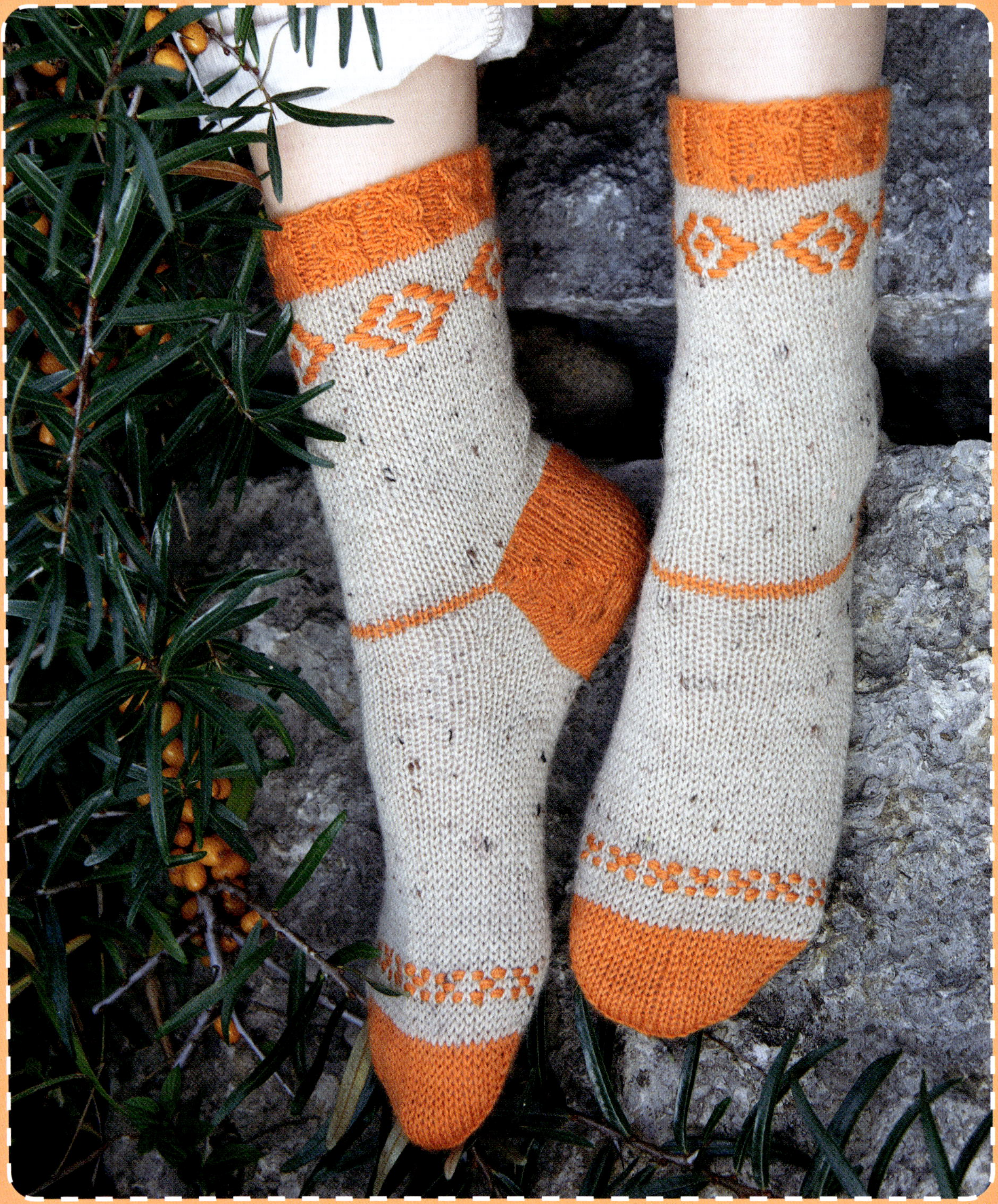

Taavi

GRÖSSEN

36/37 (38/39, 40/41, 42/43, 44/45)

MATERIAL

Lana Grossa Meilenweit 100 Tweed (80 % Schurwolle, 20 % Polyamid, LL 420 m/100 g) in

- Hellbeige (Fb 169), 100 g

Lana Grossa Meilenweit 100 Uni (80 % Schurwolle, 20 % Polyamid, LL 420 m/100 g) in

- Orange (Fb 1384), 100 g

2,5–3,0 mm Nadelspiel (oder bevorzugte Nadelart, siehe Seite 10)

Zopfnadel

Maschenmarkierer

Wollnadel

Schere

MASCHENPROBE

Glatt rechts mit Nd 2,5–3,0 mm

28 M und 40 R = 10 x 10 cm

GRUNDMUSTER

GLATT RECHTS

In Hin-R rechte M, in Rück-R linke M str.
In Rd alle M rechts str.

STRICKWEISE

Die Socke wird von oben nach unten mit einem Zopfmuster-Bündchen, einer Bumerangferse und einer Bandspitze gestrickt, dabei wird das Muster doppelfädig um den Schaft und ein zweites Muster vor der Spitze eingearbeitet.

ANLEITUNG

BÜNDCHEN

60 (60/66/66/66) M in Orange anschl, gleichmäßig auf 4 Nd verteilen [= 15 (15/2 x 16 und 2 x 17/2 x 16 und 2 x 17/2 x 16 und 2 x 17) M pro Nd] und zur Rd schließen.

1.–4. Rd: *4 M rechts, 2 links*, von * bis * stets wdh.

5. Rd: *2 M auf einer Zopfnadel vor die Arbeit legen, 2 M rechts str, 2 M links str*, von * bis * stets wdh.

6.–9. Rd: *4 M rechts, 2 links*, von * bis * stets wdh.

10. Rd: *2 M auf einer Zopfnadel vor die Arbeit legen, 2 M rechts str, 2 M links str*, von * bis * stets wdh.

11.–14. Rd: *4 M rechts, 2 M links*, von * bis * stets wdh.

GRÖSSE 40/41, 42/43

In der ersten Rd nach dem Bündchen gleichmäßig verteilt 2 M abn [= 64 M].

GRÖSSE 44/45

In der ersten Rd nach dem Bündchen gleichmäßig verteilt 2 M zun [= 68 M].

SCHAFT

Zu Hellbeige wechseln und 3 Rd glatt rechts str.

GRÖSSE 36/37 UND 38/39

In der 4. Rd *12 M rechts str, MM setzen*, noch 4 x von * bis * wdh.

GRÖSSE 40/41, 42/43

In der 4. Rd 12 M rechts str, *MM setzen, 1 M rechts str, MM setzen, 12 M rechts str*, noch 3 x von * bis * wdh.

GRÖSSE 44/45

In der 4. Rd 12 M rechts str, MM setzen, 2 M rechts str, MM setzen, 12 M rechts str, MM setzen, 1 M rechts str, MM setzen, 12 M rechts str, MM setzen, 2 M rechts str, MM setzen, 12 M rechts str, MM setzen, 1 M rechts str, MM setzen, 12 M rechts str, MM setzen, 2 M rechts str, MM setzen.

In den nächsten 7 Rd Zählmuster A doppelfädig in Orange fortlaufend über die ganze Rd zwischen den MM einarbeiten.

39 Rd glatt rechts str.

FERSE

Die Bumerangferse in Orange über die 30 (30/32/32/34) M der 4. und 1. Nd nach der Grundanleitung (siehe Seite 36) str.

FUSS

Zu Hellbeige wechseln und glatt rechts in Rd str.

Nach 14 (15,5/17/18,5/20) cm (gemessen ab Fersenmitte) 16 (16/16/16/18) M rechts str, MM setzen, das Zählmuster B in Orange doppelfädig über 28 (28/32/32/32) M str, MM setzen, 16 (16/16/16/18) M rechts str.

Das Muster in den nächsten 2 Runden über die 28 (28/32/32/32) Oberfußmaschen fortsetzen.

Glatt rechts in Hellbeige weiterstr, bis der Fuß (gemessen ab Fersenmitte) 16 (17,5/19/20,5/22) cm misst.

SPITZE

Zu Orange wechseln und die Bandspitze nach der Grundanleitung (siehe Seite 40) str.

FERTIGSTELLEN

Alle Fäden vernähen.

ZÄHLMUSTER A

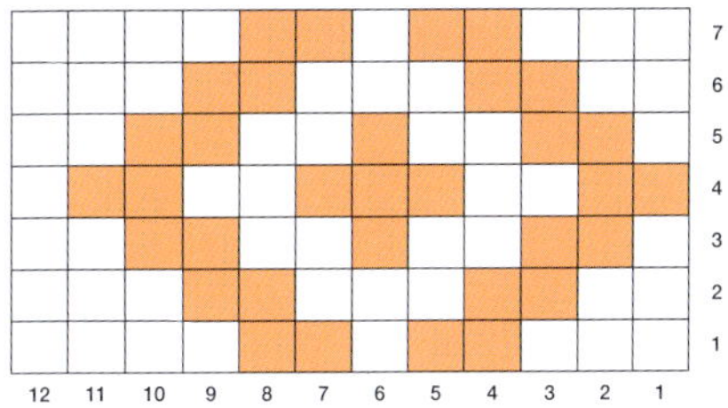

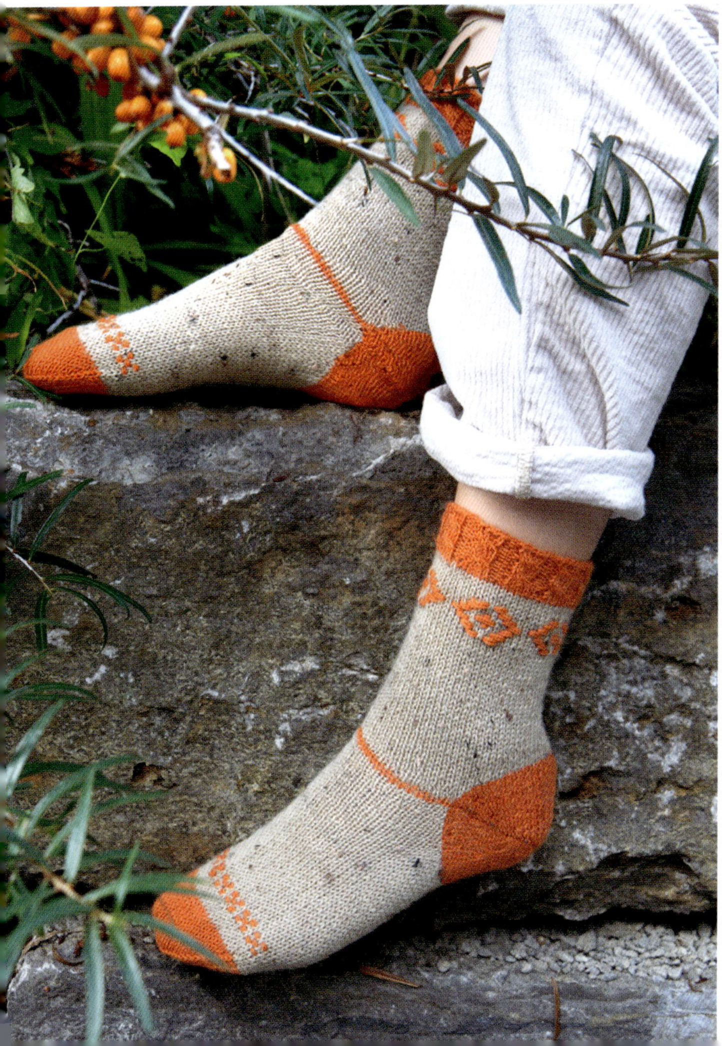

ZÄHLMUSTER B

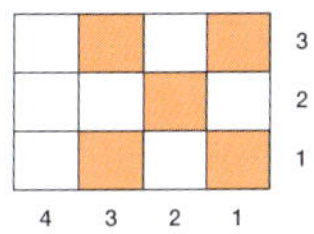

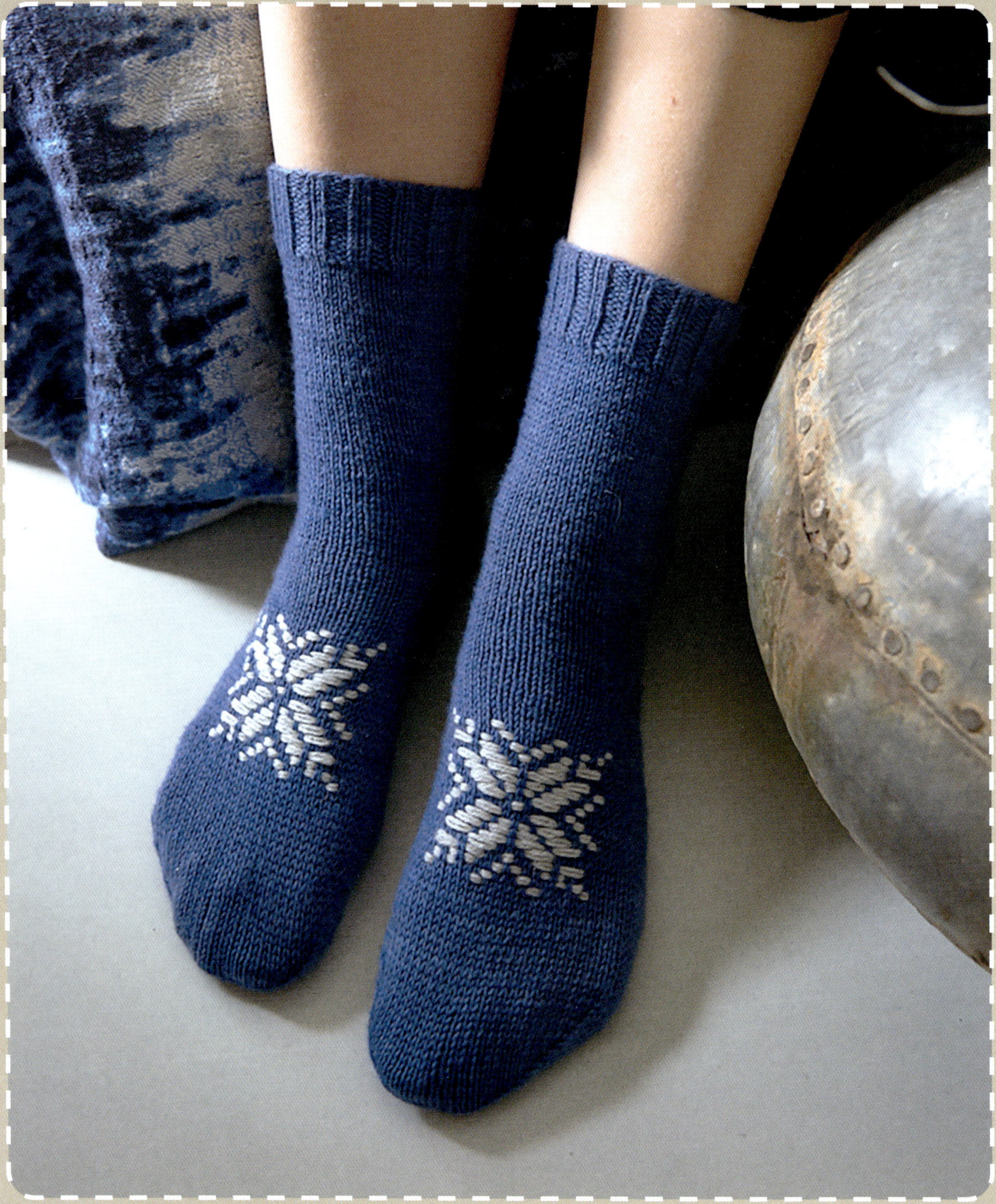

Janek

GRÖSSEN

36/37 (38/39, 40/41, 42/43, 44/45)

MATERIAL

Lana Grossa Meilenweit 50 Cashmere (70 % Wolle, 25 % Polyamid, 5 % Kaschmir, LL 210 m/50 g) in

- Brillantblau (Fb 16), 100 g

Lana Grossa Meilenweit 100 Uni (80 % Schurwolle, 20 % Polyamid, LL 420 m/100 g) in

- Hellgrau meliert (Fb 1358), 100 g

2,5–3,0 mm Nadelspiel (oder bevorzugte Nadelart, siehe Seite 10)

Maschenmarkierer

Wollnadel

Schere

MASCHENPROBE

Glatt rechts mit Nd 2,5–3,0 mm

30 M und 40 R = 10 x 10 cm

GRUNDMUSTER

GLATT RECHTS

In Hin-R rechte M, in Rück-R linke M str.
In Rd alle M rechts str.

BÜNDCHENMUSTER

2/2-Rippe: *2 M rechts, 2 M links*, von * bis * stets wdh.

STRICKWEISE

Die Socke wird von oben nach unten mit einer Bumerangferse und einer Bandspitze gestrickt, das Muster wird doppelfädig auf dem Spann eingearbeitet.

ANLEITUNG

BÜNDCHEN

60 (60/64/64/68) M in Brillantblau anschl, gleichmäßig auf 4 Nd verteilen [= 15 (15/16/16/17) M pro Nd] und zur Rd schließen.

15 Rd im Bündchenmuster str (= 3,5 cm).

SCHAFT

Alle M rechts str, bis der Schaft (gemessen ab Anschlagskante) 16 cm misst.

FERSE

Die Bumerangferse glatt rechts über die 30 (30/32/32/34) M der 4. und 1. Nd nach der Grundanleitung (siehe Seite 36) str.

FUSS

Glatt rechts in Rd str.

Nach 8 (8,5/9,5/10/11) cm (gemessen ab Fersenmitte) wie folgt str:

21 (21/23/23/25) M rechts str, MM setzen, 19 M rechts str, MM setzen, 20 (20/22/22/24) M rechts str.

In den nächsten 19 Rd das Muster über die 19 M zwischen den MM doppelfädig in Hellgrau meliert arbeiten.

Glatt rechts in Brillantblau weiterstr, bis der Fuß (gemessen ab Fersenmitte) 16 (17,5/19/20,5/22) cm misst.

SPITZE

Die Bandspitze nach der Grundanleitung (siehe Seite 40) str.

FERTIGSTELLEN

Alle Fäden vernähen.

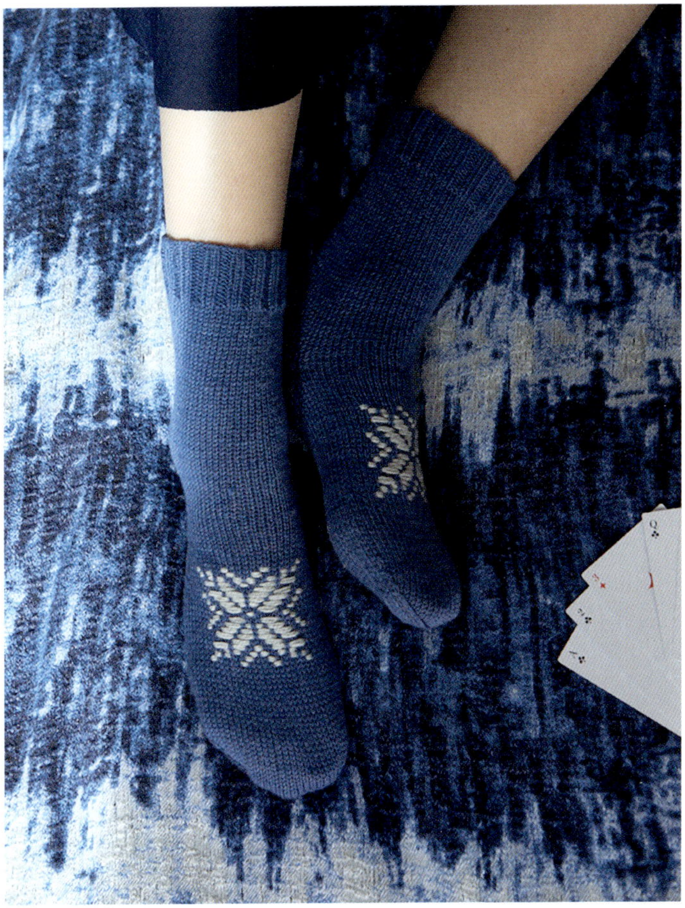

ZÄHLMUSTER

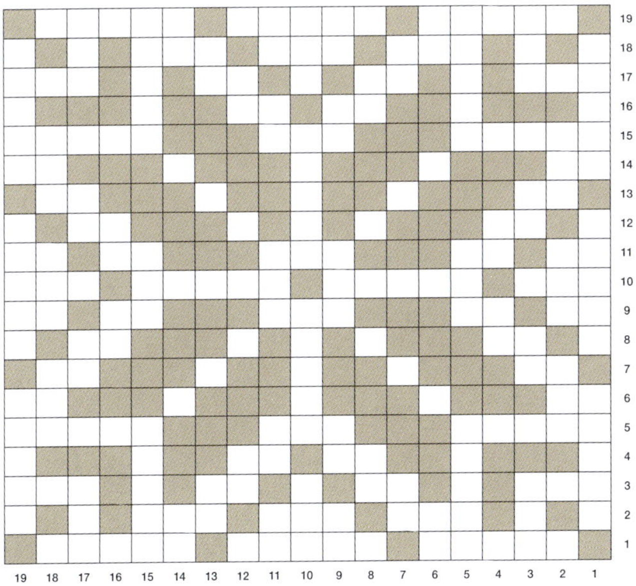
19 18 17 16 15 14 13 12 11 10 9 8 7 6 5 4 3 2 1
19 18 17 16 15 14 13 12 11 10 9 8 7 6 5 4 3 2 1

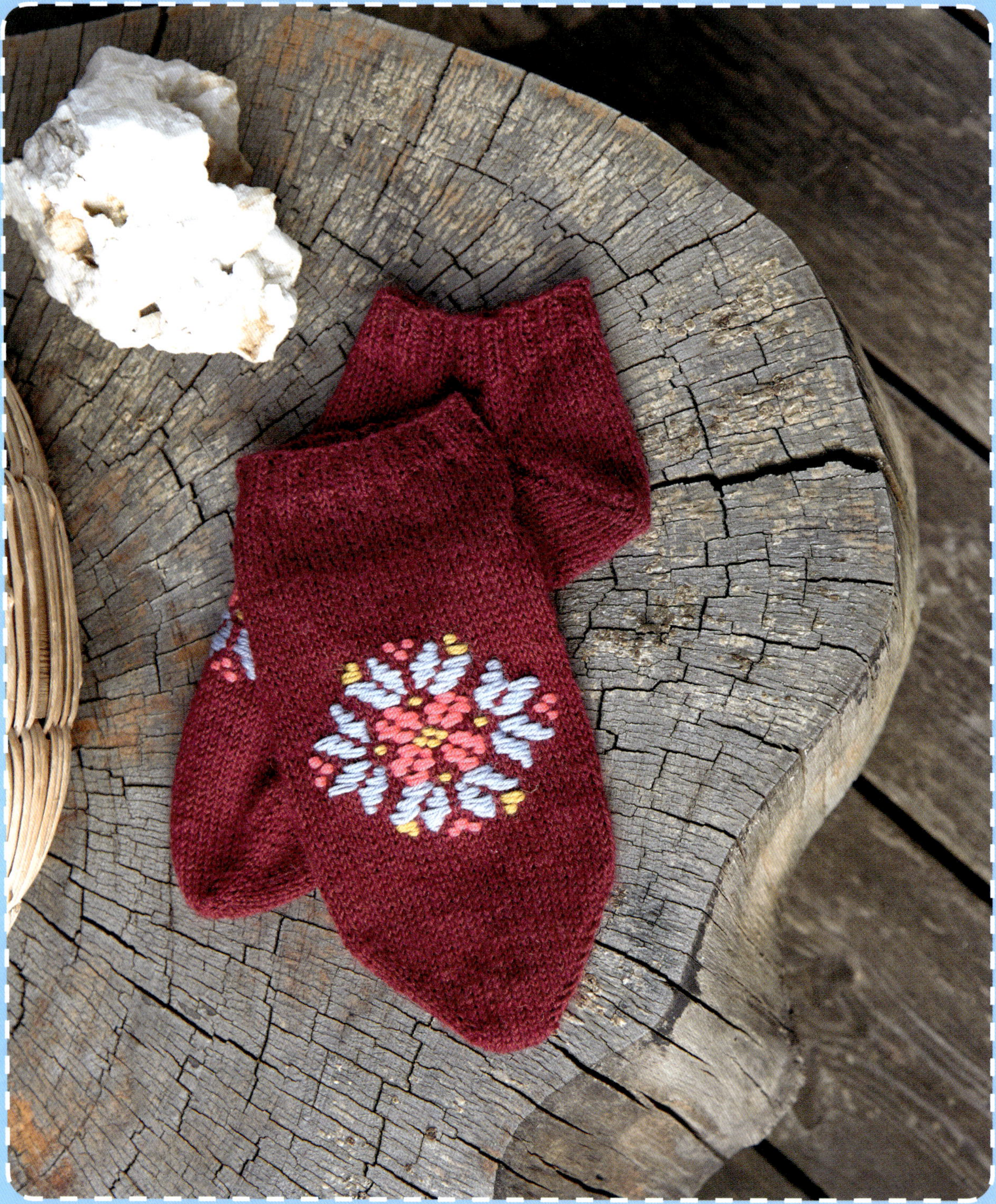

Lisette

GRÖSSEN

36/37 (38/39, 40/41, 42/43, 44/45)

MATERIAL

Lana Grossa Meilenweit 100 Uni (80 % Schurwolle, 20 % Polyamid, LL 420 m/100 g) in

- Bordeaux (Fb 1380), 100 g
- Hellblau (Fb 1364), 100 g

Lana Grossa Meilenweit 100 Seta Uni (55 % Schurwolle, 25 % Polyamid, 20 % Seide, LL 400 m/100 g) in

- Himbeerrot (Fb 33), 100 g

Lana Grossa Meilenweit 100 Tweed (80 % Schurwolle, 20 % Polyamid, LL 420 m/100 g) in

- Senfgelb (Fb 157), 100 g

2,5–3,0 mm Nadelspiel (oder bevorzugte Nadelart, siehe Seite 10)

Maschenmarkierer

Wollnadel

Schere

MASCHENPROBE

Glatt rechts mit Nd 2,5–3,0 mm

30 M und 42 R = 10 x 10 cm

GRUNDMUSTER

GLATT RECHTS

In Hin-R rechte M, in Rück-R linke M str.
In Rd alle M rechts str.

BÜNDCHENMUSTER

2/2-Rippe: *2 M rechts, 2 M links*, von * bis * stets wdh.

STRICKWEISE

Die Sneaker-Socke wird von unten nach oben mit einer Bumerangferse und einem kurzen Bündchen gestrickt, dabei wird das Muster doppelfädig auf der Fußoberseite eingearbeitet.

ANLEITUNG

SPITZE

Für die Bandspitze einen Toe-up-Kreuzanschlag (siehe Seite 42) in Bordeaux mit 8 M arbeiten.

Die Zunahmen arbeiten, bis insgesamt 60 (60/64/64/68) M auf den Nd [= 15 (15/16/16/17) M pro Nd] liegen.

FUSS

Alle M glatt rechts in Rd stricken, nach ca. 7,5 (8,5/9,5/10/11) cm (gemessen ab der Spitze) in der nächsten Rd 18 (18/20/20/22) M rechts str, MM setzen, 25 M rechts str, MM setzen, 17 (17/19/19/21) M rechts str.

In den nächsten 25 Rd das Muster doppelfädig in Hellblau, Himbeerrot und Senfgelb über die 25 M zwischen den MM arbeiten.

Nach der 25. Rd des Musters die MM entfernen und alle M glatt rechts stricken.

FERSE

Nach 16 (17,5/19/20,5/22) cm (gemessen ab Fußspitze) eine Bumerangferse glatt rechts über die 30 (30/32/32/34) M der 4. und 1. Nd nach der Grundanleitung (siehe Seite 36) str.

SCHAFT

Nach der Bumerangferse 10 Rd glatt rechts str.

BÜNDCHEN

6 Rd im Bündchenmuster str.

Die M so wie sie erscheinen locker abketten, damit es am Bein nicht zu eng wird.

FERTIGSTELLEN

Alle Fäden vernähen.

ZÄHLMUSTER

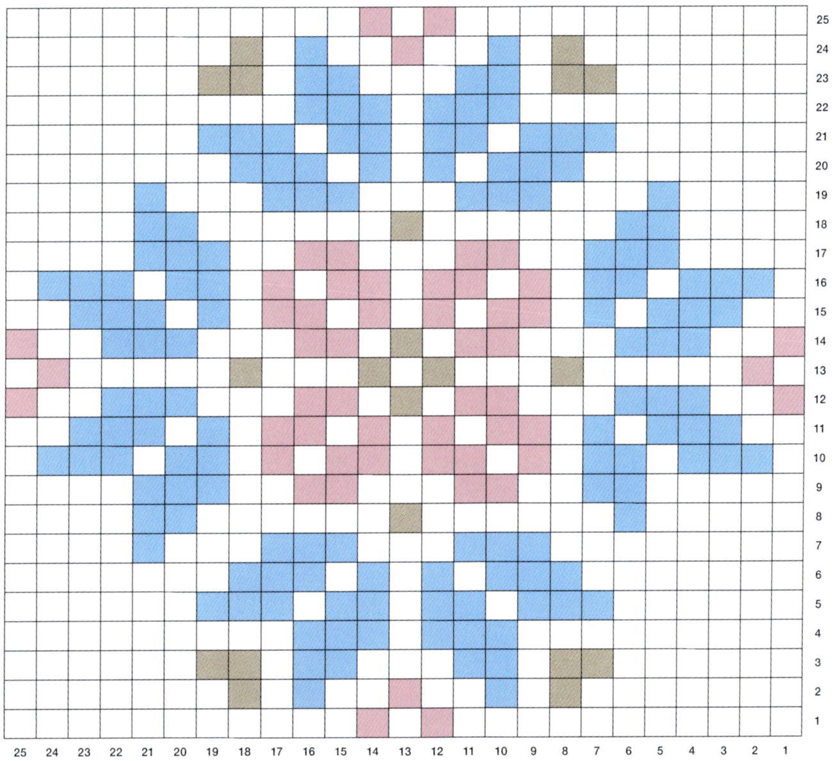
25 24 23 22 21 20 19 18 17 16 15 14 13 12 11 10 9 8 7 6 5 4 3 2 1
25 24 23 22 21 20 19 18 17 16 15 14 13 12 11 10 9 8 7 6 5 4 3 2 1

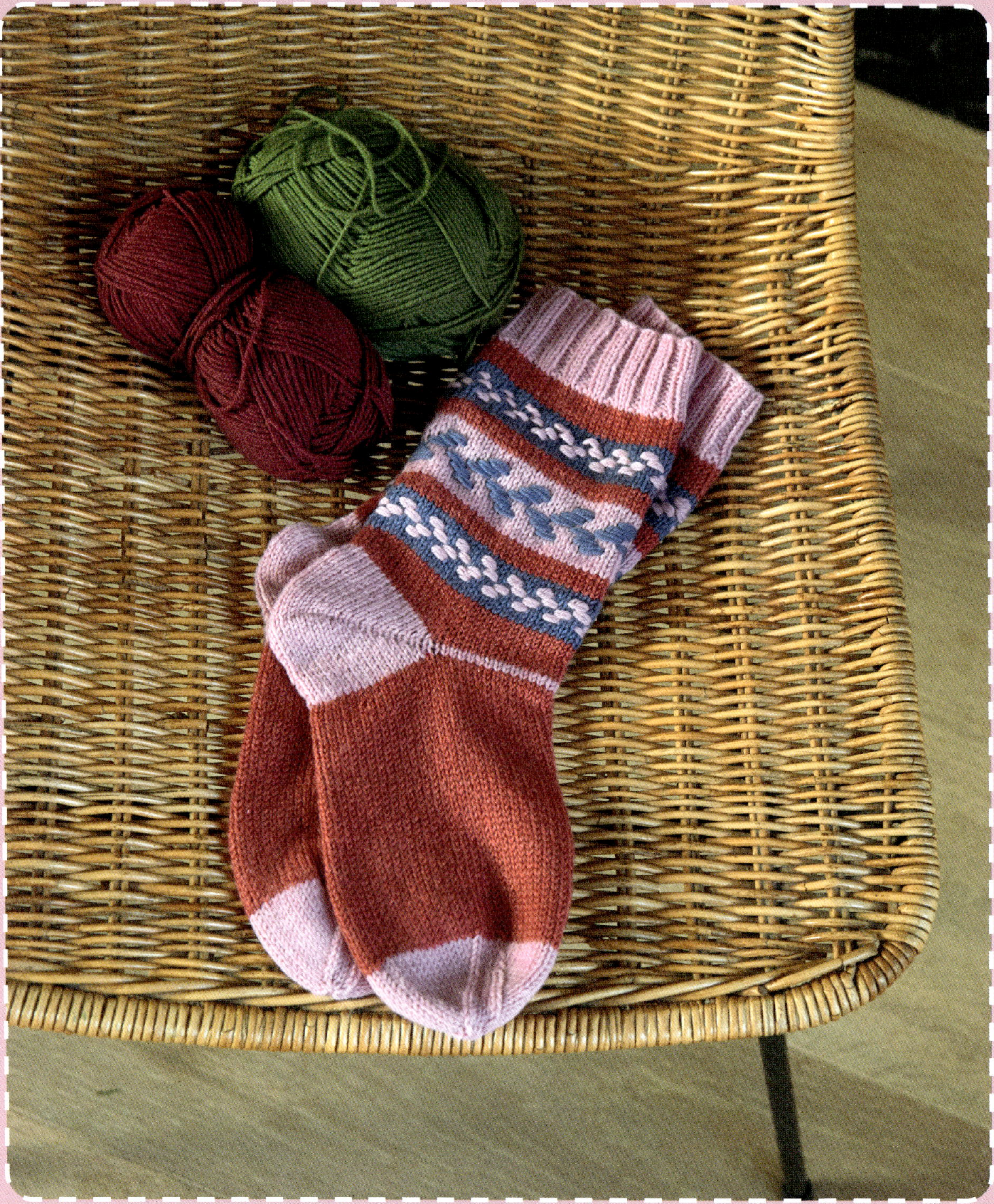

Anneli

GRÖSSEN

36/37 (38/39, 40/41, 42/43, 44/45)

MATERIAL

Lana Grossa Meilenweit 100 Seta Uni (55 % Schurwolle, 25 % Polyamid, 20 % Seide, LL 400 m/100 g) in

- Tonrot (Fb 27), 100 g

Lana Grossa Meilenweit 100 Merino Extrafine Uni (75 % Schurwolle Merino, 25 % Polyamid, LL 420 m/100 g) in

- Flieder (Fb 2435), 100 g

Lana Grossa Cool Wool 4 Socks Uni (75 % Schurwolle Merino, 25 % Polyamid, LL 420 m/100 g) in

- Jeansblau (Fb 7704), 100 g

2,5–3,0 mm Nadelspiel (oder bevorzugte Nadelart, siehe Seite 10)

Maschenmarkierer

Wollnadel

Schere

MASCHENPROBE

Glatt rechts mit Nd 2,5–3,0 mm

30 M und 42 R = 10 x 10 cm

GRUNDMUSTER

GLATT RECHTS

In Hin-R rechte M, in Rück-R linke M str.
In Rd alle M rechts str.

BÜNDCHENMUSTER

2/2-Rippe: *2 M rechts, 2 M links*, von * bis * stets wdh.

STRICKWEISE

Die Socke wird von oben nach unten mit einer Bumerangferse und einer Bandspitze gestrickt, dabei werden zwei verschiedene Muster doppelfädig am Schaft in die Streifen eingearbeitet.

ANLEITUNG

BÜNDCHEN

60 (60/64/64/68) M in Flieder anschl, gleichmäßig auf 4 Nd verteilen [= 15 (15/16/16/17) M pro Nd] und zur Rd schließen.

15 Rd im Bündchenmuster str (= ca. 3,5 cm).

SCHAFT

GRÖSSE 36/37, 38/39

Zu Tonrot wechseln.

6 Rd glatt rechts str.

Zu Jeansblau wechseln.

2 Rd glatt rechts str.

In den nächsten 4 Rd doppelfädig in Flieder Zählmuster A fortlaufend einarbeiten.

2 Rd glatt rechts str.

Zu Tonrot wechseln.

4 Rd glatt rechts str.

Zu Flieder wechseln.

3 Rd glatt rechts str.

In den nächsten 6 Rd doppelfädig in Jeansblau Zählmuster B fortlaufend einarbeiten.

3 Rd glatt rechts str.

Zu Tonrot wechseln.

4 Rd glatt rechts str.

Zu Jeansblau wechseln.

2 Rd glatt rechts str.

In den nächsten 4 Rd doppelfädig in Flieder Zählmuster A fortlaufend einarbeiten.

2 Rd glatt rechts str.

Zu Tonrot wechseln.

8 Rd glatt rechts str.

GRÖSSE 40/41, 42/43

Zählmuster A und alle Farbwechsel wie für die kleineren Größen beschrieben stricken.

Zählmuster B geht fortlaufend nicht auf. Wenn dich das stört, kannst du die überzähligen M ohne Muster auf die Innenseite der Socken verlegen. Stricke dafür wie folgt:

Für die linke Socke: 48 M mit Zählmuster B, 4 M ohne Muster, 12 M mit Zählmuster B.

Für die rechte Socke: 12 M mit Zählmuster B, 4 M ohne Muster, 48 M mit Zählmuster B.

GRÖSSE 44/45

Zählmuster A und alle Farbwechsel wie für die kleineren Größen beschrieben stricken.

Zählmuster B geht fortlaufend nicht auf. Wenn dich das stört, kannst du die überzähligen M ohne Muster auf die Innenseite der Socken verlegen. Stricke dafür wie folgt:

Für die linke Socke: 48 M mit Zählmuster B, 2 M ohne Muster, 18 M mit Zählmuster B.

Für die rechte Socke: 18 M mit Zählmuster B, 2 M ohne Muster, 48 M mit Zählmuster B.

FERSE

Die Bumerangferse glatt rechts in Flieder über die 30 (30/32/32/34) M der 4. und 1. Nd nach der Grundanleitung (siehe Seite 36) str.

FUSS

Zu Tonrot wechseln und alle M glatt rechts str, bis der Fuß (gemessen ab Fersenmitte) 16 (17,5/19/20,5/22) cm misst.

SPITZE

Die Bandspitze in Flieder nach der Grundanleitung (siehe Seite 40) str.

FERTIGSTELLEN

Alle Fäden vernähen.

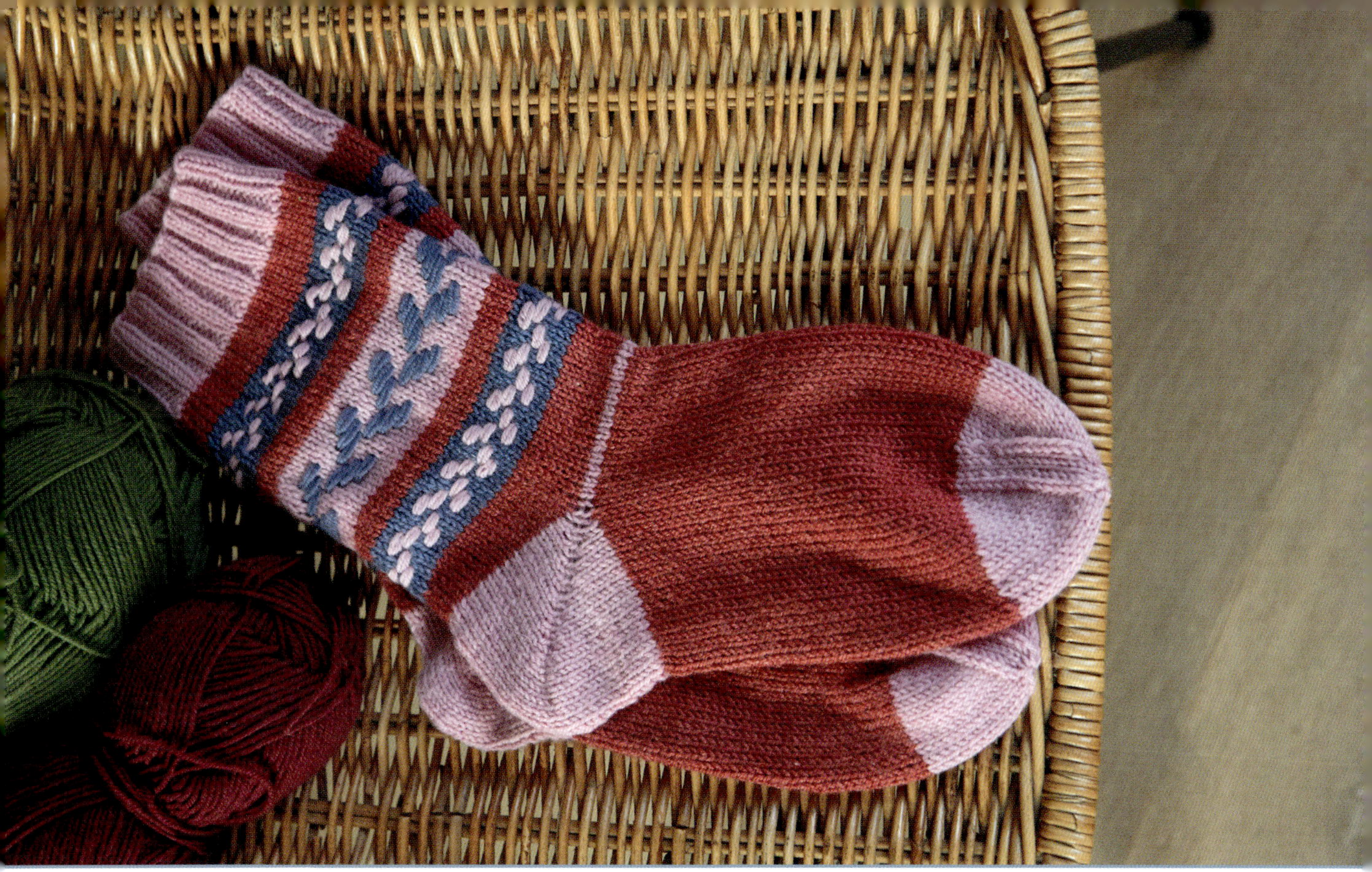

ZÄHLMUSTER A

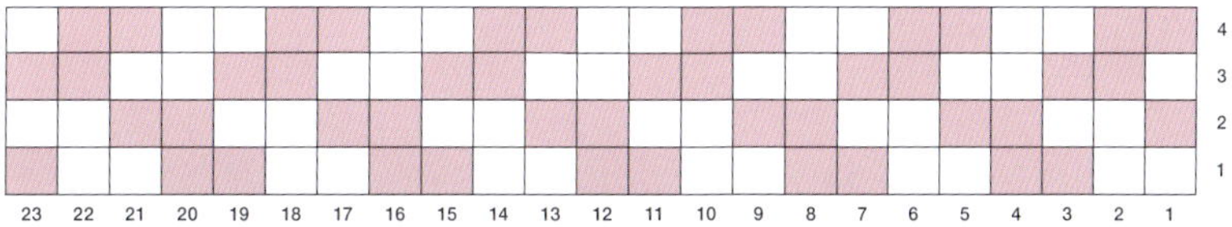

ZÄHLMUSTER B

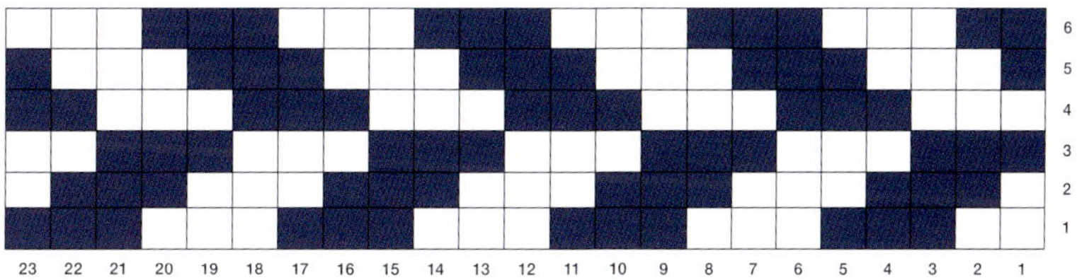

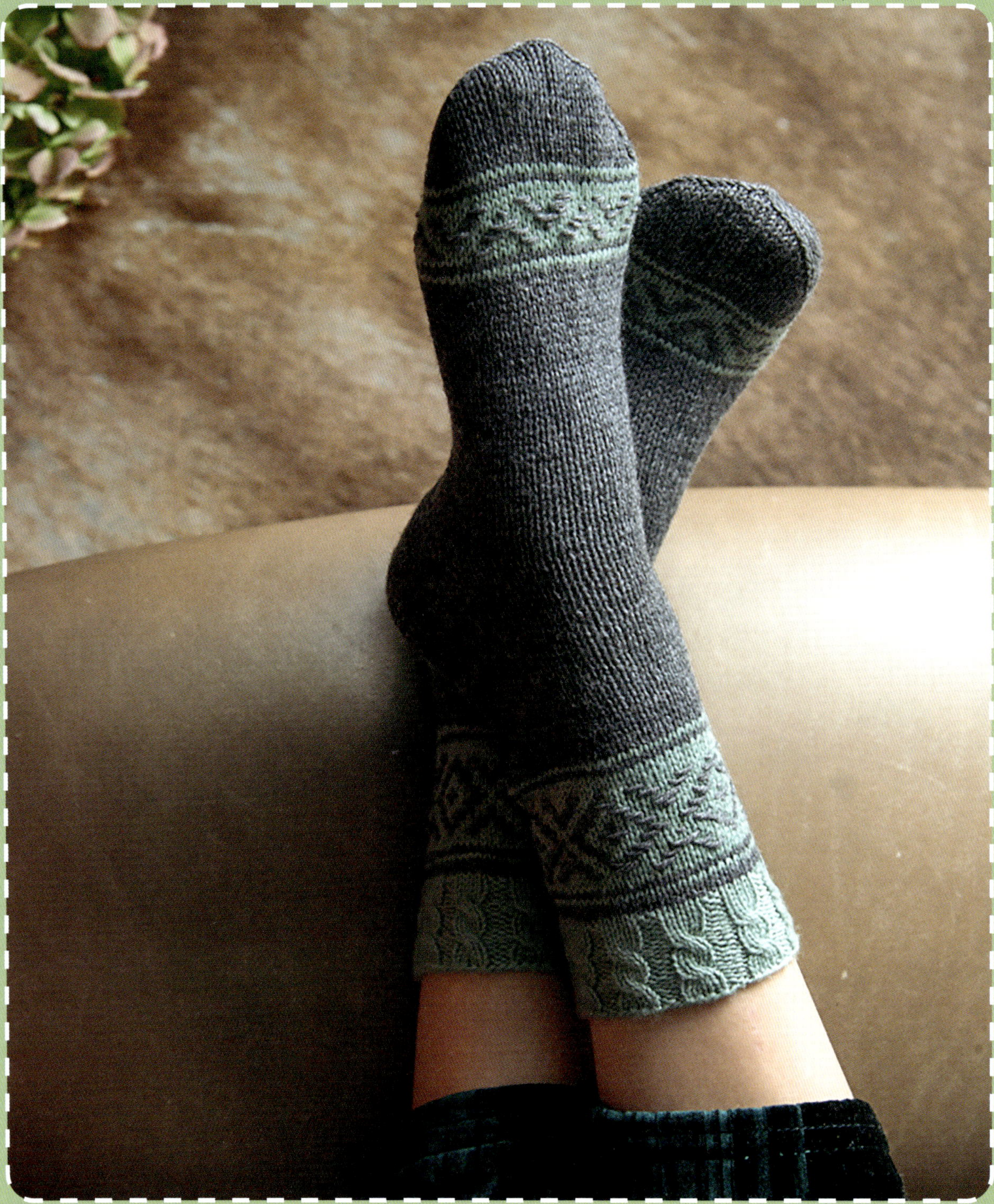

Rain

GRÖSSEN

36/37 (38/39, 40/41, 42/43, 44/45)

MATERIAL

Lana Grossa Cool Wool 4 Socks Uni (75 % Schurwolle Merino, 25 % Polyamid, LL 420 m/100 g) in

- Anthrazit (Fb 7707), 100 g

Lana Grossa Meilenweit 50 Cashmere (70 % Wolle, 25 % Polyamid, 5 % Kaschmir, LL 210 m/50 g) in

- Mint (Fb 28), 50 g

2,5–3,0 mm Nadelspiel (oder bevorzugte Nadelart, siehe Seite 10)

Maschenmarkierer

Wollnadel

Schere

MASCHENPROBE

Glatt rechts mit Nd 2,5–3,0 mm

28 M und 40 R = 10 x 10 cm

GRUNDMUSTER

GLATT RECHTS

In Hin-R rechte M, in Rück-R linke M str.
In Rd alle M rechts str.

STRICKWEISE

Die Socke wird von oben nach unten mit einem Zopfmuster-Bündchen, einer Bumerangferse und einer Bandspitze gestrickt, das Muster wird einfädig in die Streifen an Schaft und Fuß eingearbeitet.

ANLEITUNG

BÜNDCHEN

60 (60/66/66/66) M in Mint anschl, gleichmäßig auf 4 Nd verteilen [= 15 (15/2x16 und 2x17/2x16 und 2x 17/2x16 und 2x17) M pro Nd] und zur Rd schließen.

1.–5. Rd: *4 M rechts, 2 M links*, von * bis * stets wdh.

6. Rd: *2 M auf einer Zopfnadel vor die Arbeit legen, 2 M rechts str, 2 M links str*, von * bis * stets wdh.

7.–11. Rd: *4 M rechts, 2 M links*, von * bis * stets wdh.

12. Rd: *2 M auf einer Zopfnadel vor die Arbeit legen, 2 M rechts str, 2 M links str*, von * bis * stets wdh.

13.–16. Rd: *4 M rechts, 2 M links,* von * bis * stets wdh.

GRÖSSE 40/41, 42/43

In der ersten Rd nach dem Bündchen gleichmäßig verteilt 2 M abn [= 64 M].

GRÖSSE 44/45

In der ersten Rd nach dem Bündchen gleichmäßig verteilt 2 M zun [= 68 M].

SCHAFT

Zu Anthrazit wechseln.

2 Rd glatt rechts str.

Zu Mint wechseln.

1 Rd glatt rechts str.

Zu Anthrazit wechseln.

1 Rd glatt rechts str.

Zu Mint wechseln.

2 Rd glatt rechts str.

In den nächsten 11 Rd Muster A einfädig in Anthrazit fortlaufend einarbeiten.

2 Rd glatt rechts str.

Zu Anthrazit wechseln.

1 Rd glatt rechts str.

Zu Mint wechseln.

1 Rd glatt rechts str.

Zu Anthrazit wechseln.

28 Rd glatt rechts str.

GRÖSSE 40/41, 42/43

Alle Farbwechsel wie beschrieben stricken.

Zählmuster A geht fortlaufend nicht auf. Wenn dich das stört, kannst du die überzähligen M ohne Zählmuster auf die Innenseite der Socken verlegen. Stricke dafür wie folgt:

Für die linke Socke: 4x die 1.–12. M des Zählmusters A str [= 48 M], die 9.–24. M des Zählmusters A str [= 16 M], [= insgesamt 64 M].

Für die rechte Socke: Die 1.–16. M des Zählmusters A str [= 16 M], 4x die 1.–12. M des Zählmusters A str [= 48 M], [= insgesamt 64 M].

GRÖSSE 44/45

Alle Farbwechsel wie beschrieben stricken.

Zählmuster A geht fortlaufend nicht auf. Wenn dich das stört, kannst du die überzähligen M ohne Zählmuster auf die Innenseite der Socken verlegen. Stricke dafür wie folgt:

Für die linke Socke: 3x die 1.–12. M des Zählmusters A str [= 36 M], die 1.–15. M des Zählmusters A str [= 15 M], die 8.–24. M des Zählmusters A str [= 17 M], [= insgesamt 68 M].

Für die rechte Socke: Die 1.–17. M des Zählmusters A str [= 17 M], die 10.–12. M des Zählmusters A str [= 3 M], 4x die 1.–12. M des Zählmusters A str [= 48 M], [= insgesamt 68 M].

FERSE

Die Bumerangferse glatt rechts über die 30 (30/32/32/34) M der 4. und 1. Nd nach der Grundanleitung (siehe Seite 36) str.

FUSS

Glatt rechts str, bis der Fuß (gemessen ab Fersenmitte) 13 (14,5/16/17,5/19) cm misst.

Zu Mint wechseln.

1 Rd glatt rechts str.

Zu Anthrazit wechseln.

1 Rd glatt rechts str.

Zu Mint wechseln.

1 Rd glatt rechts str.

In den nächsten 5 Rd Muster B einfädig in Anthrazit fortlaufend einarbeiten.

1 Rd glatt rechts str.

Zu Anthrazit wechseln.

1 Rd glatt rechts str.

Zu Mint wechseln.

1 Rd glatt rechts str.

Der Fuß sollte jetzt (gemessen ab Fersenmitte) 16 (17,5/19/20,5/22) cm messen. Ansonsten zu Anthrazit wechseln und glatt rechts weiterstr, bis die gewünschte Länge erreicht ist.

GRÖSSE 40/41, 42/43, 44/45

Zählmuster B geht fortlaufend nicht auf. Da der Rd-Beginn auf der Fußsohle ist, ist eine Anpassung nicht nötig.

SPITZE

Die Bandspitze in Anthrazit nach der Grundanleitung (siehe Seite 40) str.

FERTIGSTELLEN

Alle Fäden vernähen

ZÄHLMUSTER A

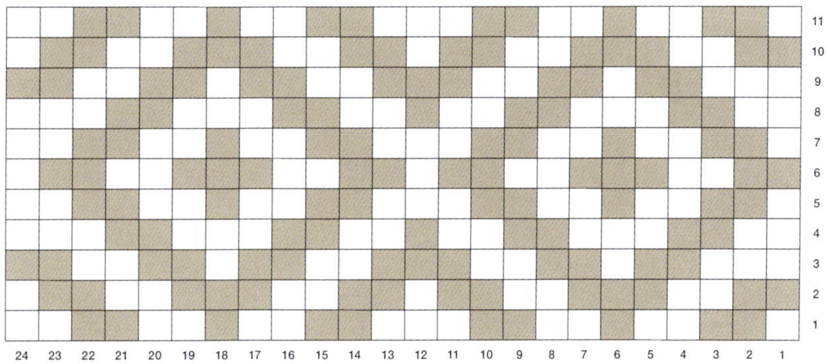

ZÄHLMUSTER B

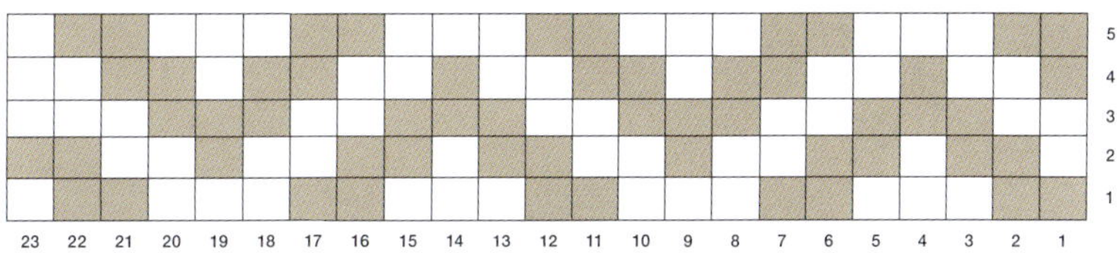

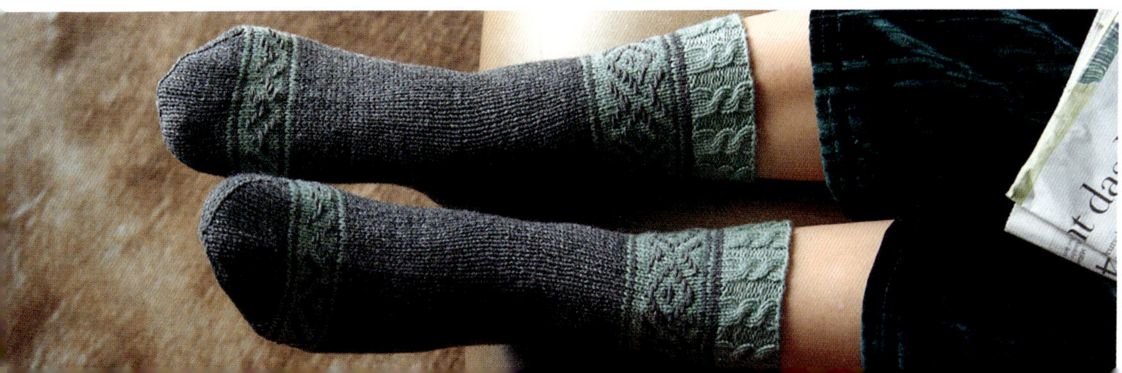

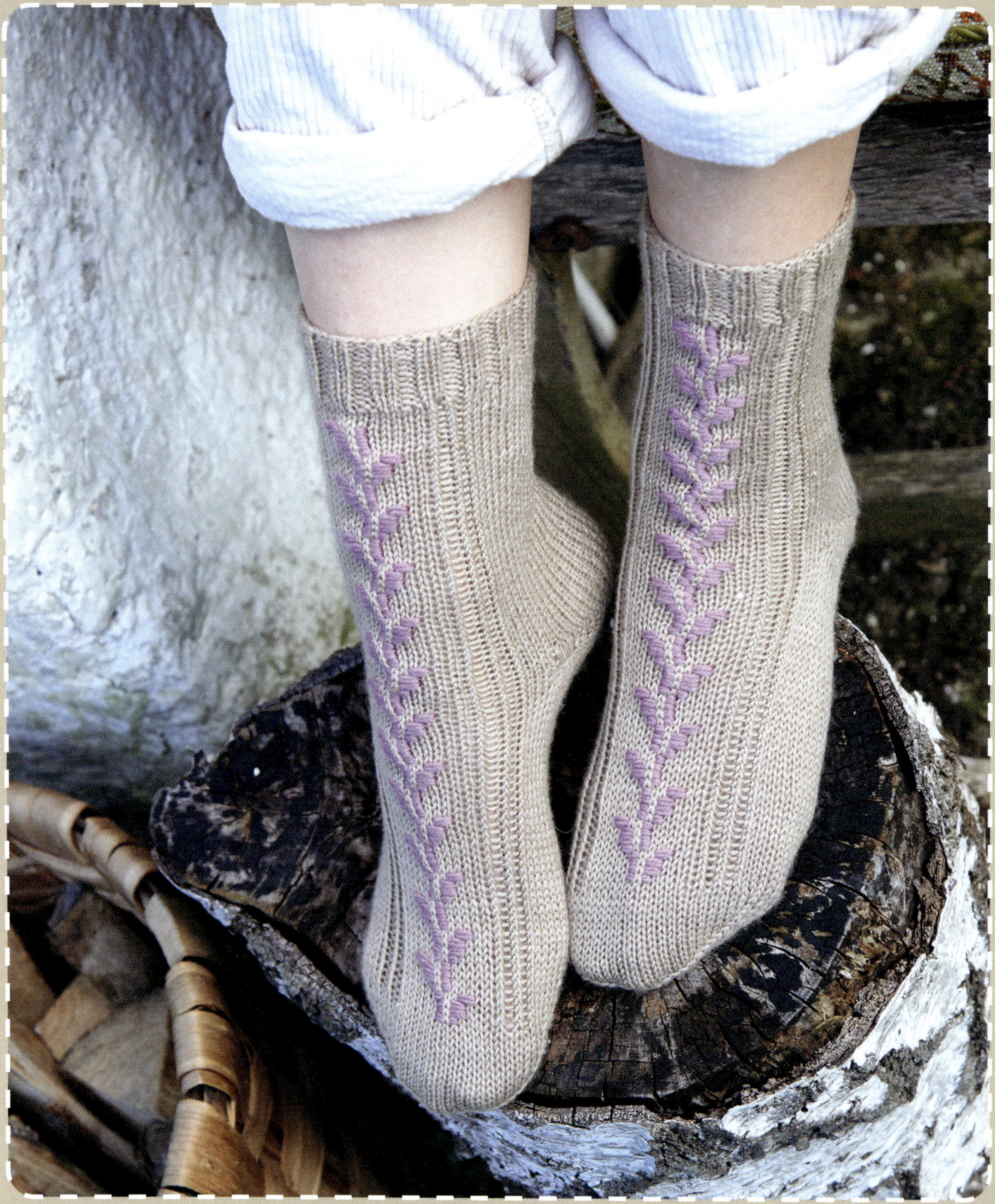

Talvi

GRÖSSEN

36/37 (38/39, 40/41, 42/43, 44/45)

MATERIAL

Lana Grossa Meilenweit 100 Seta Uni (55 % Schurwolle, 25 % Polyamid, 20 % Seide, LL 400 m/100 g) in

- Lehmbraun (Fb 32), 100 g

Lana Grossa Meilenweit 100 Merino Extrafine Uni (75 % Schurwolle Merino, 25 % Polyamid, LL 420 m/100 g) in

- Dunkelfuchsia (Fb 2437), 100 g

2,5–3,0 mm Nadelspiel (oder bevorzugte Nadelart, siehe Seite 10)

Maschenmarkierer

Wollnadel

Schere

MASCHENPROBE

Glatt rechts mit Nd 2,5–3,0 mm

28 M und 40 R = 10 x 10 cm

GRUNDMUSTER

GLATT RECHTS

In Hin-R rechte M, in Rück-R linke M str.
In Rd alle M rechts str.

BÜNDCHENMUSTER

2/2-Rippe: *2 M rechts, 2 M links*, von * bis * stets wdh.

FALSCHES ZOPFMUSTER

1 M rechts verschr, 1 M links, 1 M rechts verschr, 1 M links, 1 M rechts verschr.

STRICKWEISE

Die Socke wird von oben nach unten mit einer Bumerangferse und einer Bandspitze gestrickt, dabei wird das Muster doppelfädig zwischen 2 falschen Zopfmustern über die Vorderseite gestrickt.

ANLEITUNG

BÜNDCHEN

60 (60/64/64/68) M in Lehmbraun anschl, gleichmäßig auf 4 Nd verteilen [= 15 (15/16/16/17) M pro Nd] und zur Rd schließen.

12 Rd im Bündchenmuster str.

SCHAFT

1. Rd: 19 (19/21/21/23) M rechts, 1 M rechts verschr, 1 M links, 1 M rechts verschr, 1 M links, 1 M rechts verschr, 2 M rechts, 8 M rechts, 2 M rechts, 1 M rechts verschr, 1 M links, 1 M rechts verschr, 1 M links, 1 M rechts verschr, 19 (19/21/21/23) M rechts str.

2. Rd: Wdh die 1. Rd.

3. Rd: 19 (19/21/21/23) M rechts str, 1 M rechts verschr, 1 M links, 1 M rechts verschr, 1 M links, 1 M rechts verschr, 2 M rechts, MM setzen, 8 M rechts, MM setzen, 2 M rechts, 1 M rechts verschr, 1 M links, 1 M rechts verschr, 1 M links, 1 M rechts verschr, 19 (19/21/21/23) M rechts str.

4. Rd: Wdh die 1. Rd, dabei über die 8 M zwischen den MM das Muster doppelfädig in Dunkelfuchsia arbeiten.

Wdh die 4. Rd, bis der Schaft (gemessen ab Anschlagskante) 15 cm misst.

FERSE

Die Bumerangferse glatt rechts über die 30 (30/32/32/34) M der 4. und 1. Nd nach der Grundanleitung (siehe Seite 36) str und in den Zwischenrunden das Muster auf der Vorderseite fortführen.

FUSS

Wdh die 4. Rd, bis der Fuß (gemessen ab Fersenmitte) 16 (17,5/19/20,5/22) cm misst.

SPITZE

Die Bandspitze nach der Grundanleitung (siehe Seite 40) str.

FERTIGSTELLEN

Alle Fäden vernähen.

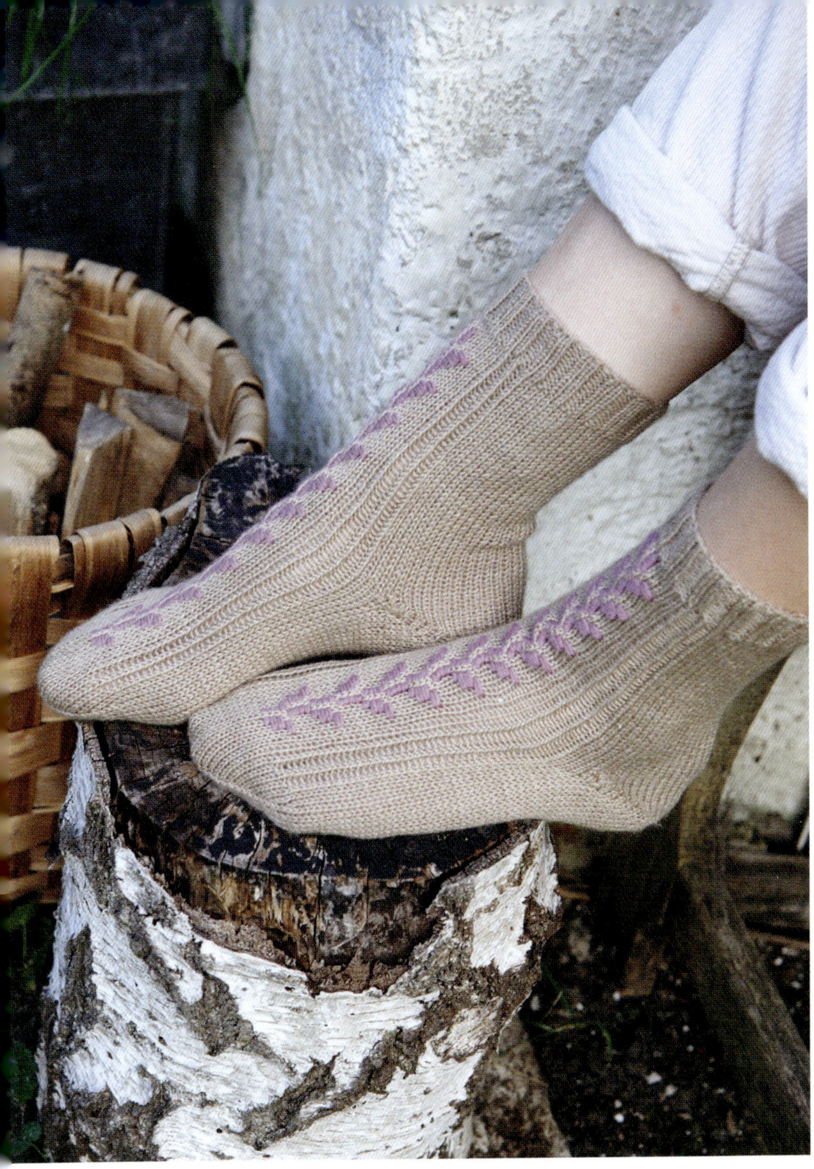

ZÄHLMUSTER

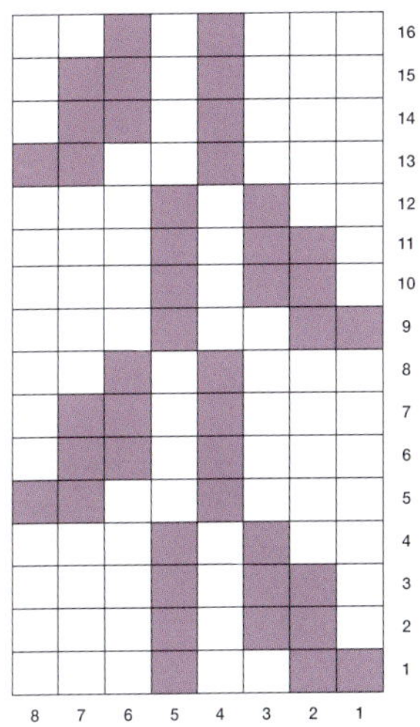

Danksagung

Das größte Dankeschön geht an meinen Mann Marcel, der mich immer in allem, was ich tue, unterstützt und so lange mit mir Wollknäuel neben Wollknäuel hält, bis wir die richtige Farbkombination gefunden haben. Ich freue mich, dass sich in jedem meiner Bücher auch irgendwo ein kleiner Teil Marcel versteckt.

Meiner Mama, meiner Cousine Marie und meiner Wahlschwester Pia danke ich für ihr Feedback zu meinen (bis dahin noch geheimen) Entwürfen, das mir sehr wichtig ist. Schön, dass es euch gibt.

Dem gesamten Team vom EMF Verlag, insbesondere meiner Lektorin Melanie Kowalski, danke ich für die gute Zusammenarbeit und das Vertrauen in meine Kreativität.

Vielen Dank an Lana Grossa, die mich für dieses Buch mit den schönsten Sockengarnen in allen Farben und Variationen versorgt haben.

Über die Autorin

Sarah Prieur gehört zu den bekanntesten Vertreter*innen der deutschsprachigen Häkel- und Strickcommunity und hat sich in jüngerer Vergangenheit auch als Sachbuchautorin im DIY-Bereich etabliert. Die Wahl-Münchnerin ist verheiratet und nimmt ihre Follower*innen auf ihrem Instagram-Kanal @sapri_design nicht nur bei ihren zahlreichen Handarbeitsprojekten mit hinter die Kulissen, sondern lässt ihre Community auch teilhaben an Reisen und alltäglichen Erlebnissen. In ihrem Video-Podcast „Sarahs Nadelgeschichten" auf YouTube gibt die gebürtige Rheinländerin einen tiefen Einblick in ihre privaten und beruflichen Projekte. Ihre im EMF Verlag erschienenen Bücher sind in zahlreichen Sprachen veröffentlicht worden und reichen vom „Potterhead"-Strick-Universum bis hin zu Häkelanleitungen für Klein und Groß. Sarahs Projekte laufen häufig unter dem Motto „Warum kaufen, wenn man es auch selbst und einzigartig machen kann?!". Individualität und Freude am Handarbeiten bei höchster Qualität sind Grundprinzipien aller ihrer Projekte.

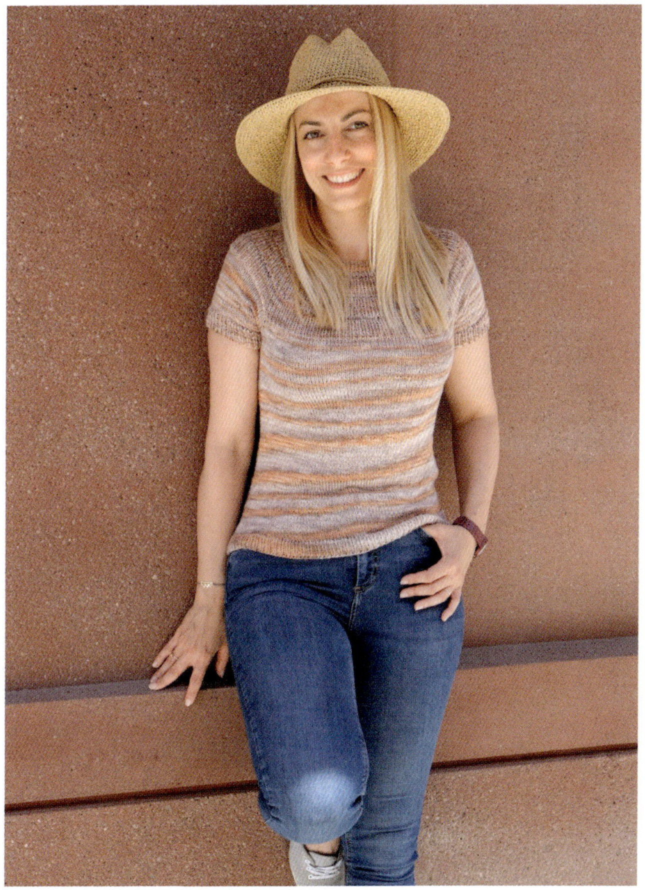

Noch mehr schöne STRICKBÜCHER

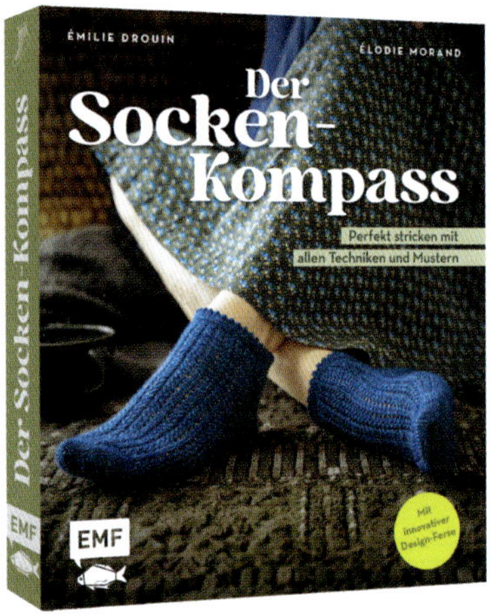

Der Socken-Kompass
ISBN: 978-3-7459-1866-3
25,00 EUR (DE) / 25,70 EUR (AT)

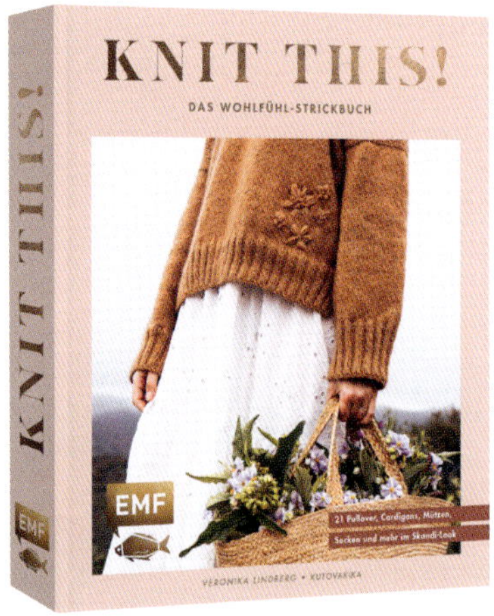

Knit this! –
Das Wohlfühl-Strickbuch von Kutovakika
ISBN: 978-3-7459-1948-6
28,00 EUR (DE) / 28,80 EUR (AT)

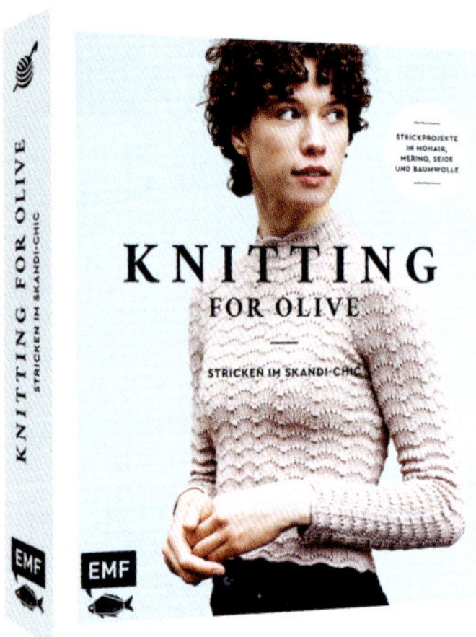

Knitting for Olive –
Stricken im Skandi-Chic
ISBN: 978-3-7459-1103-9
30,00 EUR (DE) / 30,90 EUR (AT)

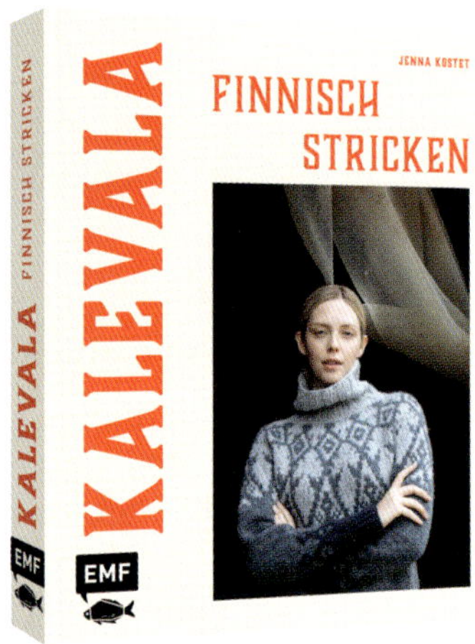

Kalevala –
Finnisch stricken von Laine
ISBN: 978-3-7459-1799-4
30,00 EUR (DE) / 30,90 EUR (AT)

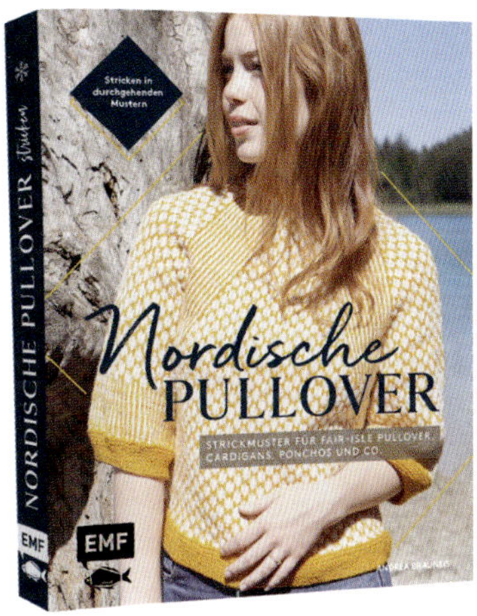

Nordische Pullover stricken
ISBN: 978-3-7459-1191-6
25,00 EUR (DE) / 25,70 EUR (AT)

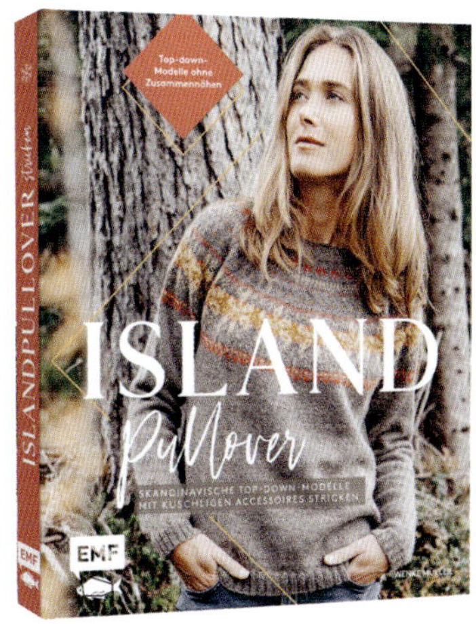

Islandpullover stricken
ISBN: 978-3-7459-1196-1
25,00 EUR (DE) / 25,70 EUR (AT)

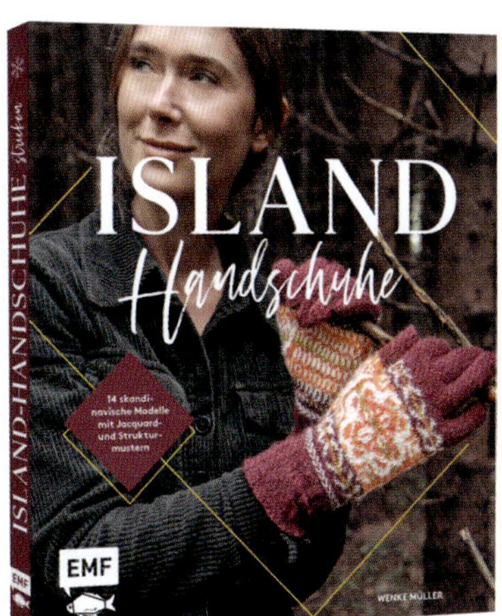

Island-Handschuhe stricken
ISBN: 978-3-7459-0050-7
16,50 EUR (AT) / 16,00 EUR (DE)

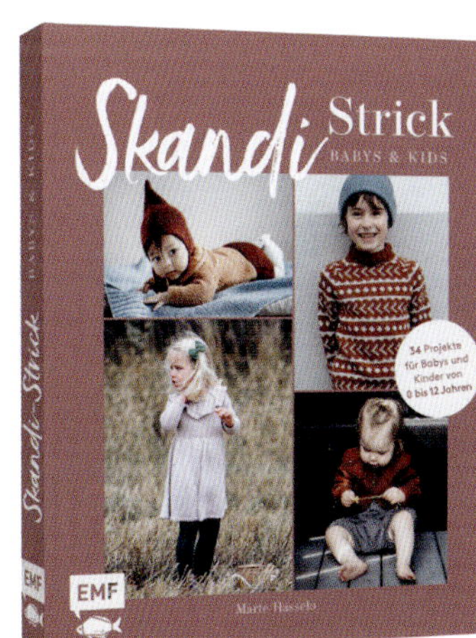

Skandi-Strick – Babys & Kids
ISBN: 978-3-7459-0538-0
25,00 EUR (DE) / 25,70 EUR (AT)

Impressum

Bibliografische Information der Deutschen Bibliothek.

Die Deutsche Bibliothek verzeichnet diese Publikation in der Deutschen Nationalbibliografie.

Detaillierte bibliografische Daten sind im Internet über http://www.dnb.de/ abrufbar.

EIN BUCH DER EDITION MICHAEL FISCHER

1. Auflage 2024

Covergestaltung, Layout und Satz: Emilia Nedwidek

Bilder: © Corinna Teresa Brix, München (Cover- und Aufmacherfotos), © Sarah Prieur (Stepfotos), © Marcel Rotzoll, MRP Moving Images (Autorinnenfoto)

Grundlagenillustrationen: Ina Langguth, Berlin

Grundlagentexte und -fotos (außer S. 10, S. 22 unten, S. 24, S. 35 unten, S. 38–40, S. 42–44 oben, S. 45–48): Marisa Nöldeke

Produktmanagement und Lektorat: Melanie Kowalski

ISBN 978-3-7459-2071-0

Gedruckt bei PNB Print SIA „Jansili", Silakrogs, Ropazu novads, LV-2133, Lettland

www.emf-verlag.de

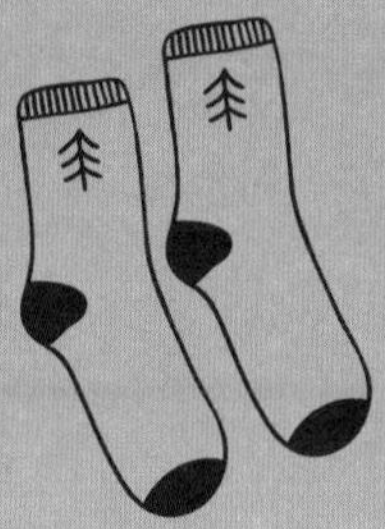